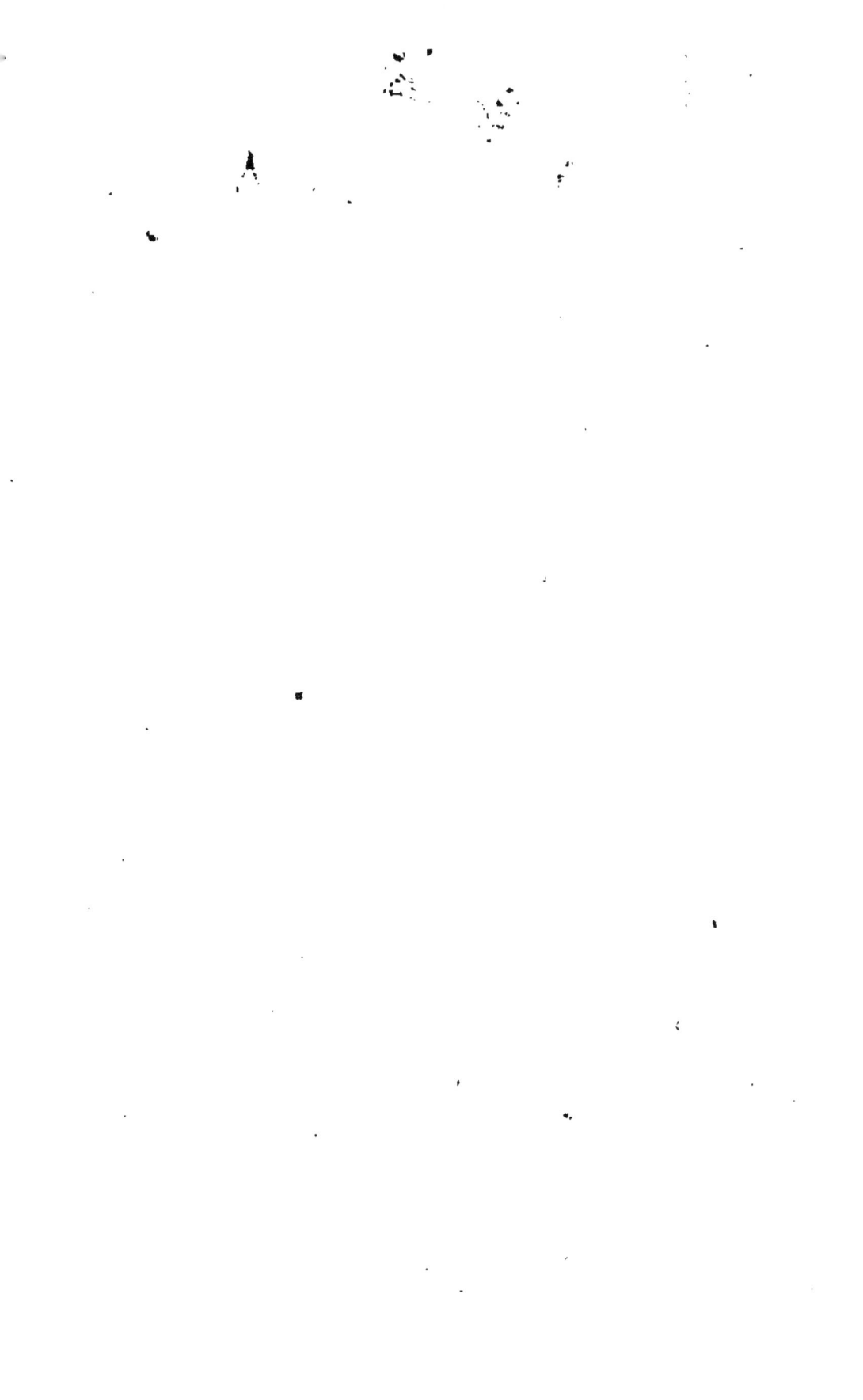

ALGÉRIE.

Marseille. — Typographie Vᵉ Marius OLIVE, Paradis, 68.

OCTAVE TEISSIER.

ALGÉRIE.

Géographie. — Histoire. — Statistique. —
Description des villes, villages et hameaux.
— Organisation des tribus.— Nomenclature
des khalifaliks, aghaliks et kaïdats.

PARIS,

LIBRAIRIE DE L. HACHETTE ET Cᵉ.

BOULEVARD SAINT-GERMAIN, 77.

MARSEILLE
CAMOIN, LIBRAIRE,
Rue Cannebière, 3.

ALGER
BASTIDE, LIBRAIRE,
Place du Gouvernement.

1865
1864

SOMMAIRE.

—

———

J'ai publié, l'année dernière, sous le titre de : *Géographie de la France et de l'Algérie*, un petit livre qui a été accueilli avec faveur par tous les amis de l'Algérie, et notamment par l'illustre et regretté maréchal Pélissier, duc de Malakoff, par M. Mercier-Lacombe, l'un des administrateurs les plus éminents et les plus aimés de la colonie, et par S. Exc. M. le maréchal comte Randon, ministre de la guerre, dont le nom est intimement lié à l'histoire de notre glorieuse conquête.

C'est un extrait de cet ouvrage que je mets aujourd'hui sous les yeux des voyageurs et des personnes qui désirent trouver, dans un cadre restreint, des notions assez complètes sur l'Afrique française.

L'idée de cette publication m'a été suggérée par un ancien et honorable algérien, M. Louis Bourrilhon, qui aime l'Algérie comme ne peuvent s'empêcher de l'aimer tous ceux qui l'ont habitée. Il y a en effet, dans ce pays d'oasis et de soleil, quelque chose d'imprévu et de vivifiant, dont l'attrait est indéfinissab

Marseille, le 25 octobre 1864.

MONSIEUR,

Je vous remercie d'avoir bien voulu me rappeler
cette belle et féconde Algérie, où j'ai passé la moitié
de ma vie, et mes années les plus actives.

La lecture de votre excellent petit livre m'a pro-
curé ce charme infini que l'on trouve à réveiller les
souvenirs des choses aimées, à être remis en contact
avec les lieux où l'on a si longtemps et si volontiers
vécu. Un mot, le nom propre du plus humble village, si indifférent à tous, suffit pour ranimer dans
l'esprit du voyageur des sentiments engourdis. Là
où le public ne voit rien ou quelques lettres à peine,
sans signification et sans intérêt, lui retrouve tout
un monde : il s'y aventure de nouveau, il y recherche soigneusement la trace de faits et de sentiments
parfois depuis longtemps oubliés, et ce second
voyage de la mémoire et de l'imagination est toujours

accompagné d'une émotion indéfinissable qu'on ne peut comprendre sans l'avoir éprouvée. Pour moi, je la dois à votre livre, et je ne puis que vous remercier vivement de l'avoir fait naître.

J'ai reconnu une fois de plus que pour celui qui a voyagé, vu et senti, rien ne vaut le pouvoir magique d'une énumération de noms propres, non pas accompagnés de ces descriptions banales et de ces renseignements de maîtres-d'hôtel, qui m'inspirent pour les *Guides* une sorte de répulsion, ni perdus dans le récit de ces évènements plus ou moins fantastiques auxquels personne ne croit; mais j'entends cette énumération précise et complète, sobre de réflexions et de détails; celle-là, d'autres pourront l'appeler aride, moi je l'appellerai féconde, parce qu'elle n'arrêtera pas le cours de mes souvenirs tout en le dirigeant, parce qu'elle laissera libres d'allures mes pensées et mes impressions.

Aussi, Monsieur, permettez-moi de vous le dire, ce petit livre que vous avez destiné aux écoles, sa nature, son essence, sa rédaction, le destinent aux voyageurs. L'écolier le subira, le voyageur le lirait avec empressement, et c'est réellement pour lui que vous aurez fait une œuvre utile. Pourquoi ne tendriez-vous pas à ce résultat, et ne tenteriez-vous pas d'introduire dans la *Bibliothèque des Chemins de*

Fer, un volume qui y serait bien placé? Tel qu'il a été fait pour les écoles, il pourrait, il devrait même rester pour les lecteurs des waggons et des bateaux. Vous pouvez ne rien y modifier; certaines additions seraient inutiles, et la concision du livre qui, du reste, en est un des principaux mérites, vous défend d'en faire disparaître quoi que ce soit. Je dirai plus. Les renseignements historiques, agricoles, statistiques, industriels, qui accompagnent le nom de chaque ville de quelque importance, ne me paraissent pas avoir seulement un intérêt de curiosité, mais ils peuvent à l'occasion faire naître, ici le désir d'études approfondies; là, le projet de tirer parti de ressources locales. Ils peuvent modifier et déterminer d'une manière heureuse le but de telle émigration et de tel établissement, qui sera plus tard une source de richesse pour toute une étendue de pays.

En somme, l'Algérie paraît dans votre livre telle qu'elle est, sans prisme flatteur d'un côté, sans dénigrement de l'autre, et nul n'aurait besoin de dire le parti qu'on peut tirer de vos indications, tant il est évident, si vous pouviez le mettre à la disposition des intelligences pratiques.

C'est là un vœu que je ne saurais trop vous exprimer, et auquel je serais enchanté de voir donner satisfaction. Le bon accueil que nos ministres de l'intérieur, de l'instruction publique, le maréchal duc de Malakoff, M. Mercier-Lacombe et d'autres esprits non moins distingués ont fait à votre livre, vous est un sûr garant de la bienvenue que lui souhaitera l'opinion publique.

J'ai l'honneur de vous réitérer tous mes remerciments pour votre offre gracieuse, et de vous prier d'agréer, Monsieur, l'assurance de mes sentiments très-dévoués.

L. BOURRILHON.

CHAPITRE PREMIER.

SITUATION. — LIMITES. — SUPERFICIE. —

CLIMAT.

Situation.—L'Algérie, située en face de la France, occupe une des parties septentrionales de l'Afrique. Elle est comprise entre le 32° et le 37° degrés de latitude *nord*, entre le 4° degré 30' de longitude *occidentale* et le 6° degré 20' de longitude *orientale*.

Limites. — L'Algérie est bornée : au *nord*, par la mer Méditerranée; à l'*est*, par la régence de Tunis ; à l'*ouest*, par l'empire du Maroc ; et au *sud*, par le grand désert du Sahara.

Superficie. — La superficie totale de l'Algérie peut être évaluée, approximativement, à 390,000 kilomètres carrés. Sa plus grande étendue, dans le sens du littoral, c'est-à-dire de l'est à l'ouest, est de 1,000 kilomètres.

Climat. — Le climat de l'Algérie est doux et salubre. La température moyenne, sur le littoral, est de 12° au-dessus de zéro, dans les mois de janvier, février et mars ; de 16 à 18° en avril, mai et juin ; elle s'élève habituellement à 20, 25 et 30° en juillet, août et septembre, pour retomber à 15 ou à 16° dans les trois derniers mois de l'année. La température diffère sur les hauts-plateaux de l'intérieur ; mais, pris dans son ensemble, le climat est à la fois agréable et sain.

CHAPITRE II.

MER. — BAIES. — CAPS. — ILES.

Mer. — L'Algérie n'est baignée que par la mer Méditerranée.

Baies. — On remarque six baies principales sur les côtes de l'Algérie, qui sont, de l'ouest à l'est :

1° La baie d'*Oran* ;

2° La baie d'*Arzew* ;

3° La baie ou rade d'*Alger* ;

4° La baie de *Bougie* ;

5° La baie de *Stora*, qui comprend le port de Philippeville ;

6° La baie de *Bône*.

Caps. — Les caps les plus remarquables sont, de l'ouest à l'est :

1° Les caps *Figalo* et *Milonia*, le premier à l'est et le second à l'ouest de la baie de Rachgoun ;

2° Le cap *Falcon*, à l'ouest de la baie d'Oran ;

3° Le cap *Ténès* ;

4° Le cap *Matifou*, à l'est de la rade d'Alger ;

5° Le cap *Carbon*, à l'ouest de la baie de Bougie ;

6° Le cap de *Fer* et le cap de *Boudjarouni*, situés à l'est et a l'ouest de la baie de Stora ;

7° Le cap *Rosa* et de *Garde*, qui forment la baie de Bône.

Iles. — On compte trois îles de peu d'importance sur les côtes d'Algérie, qui sont, de l'ouest à l'est :

1° L'île *Rachgoun*, située près de l'embouchure de la Tafna ;

2° Les îles *Habibas*, situées à l'est du cap Figalo ;

3° L'île de *Colombi*, à l'est de Ténès.

CHAPITRE III.

GRANDES RÉGIONS PHYSIQUES.

L'Algérie se divise en trois parties bien distinctes : 1° le *Tell* ; — 2° les *Hauts-Plateaux* ; — 3° le *Sahara*.

LE TELL (de *Tellus*, terre labourable) est la partie

comprise entre le littoral de la mer (le *Sahel*) et le versant septentrional des hauts plateaux.

La région des HAUTS-PLATEAUX n'est autre que le sommet de l'Atlas, sur une largeur de 100 à 120 kilomètres.

Le SAHARA ou *Bled-el-Djerid* (pays des dattes), s'étend depuis le versant méridional des hauts-plateaux jusqu'au grand désert.

Montagnes. — L'Algérie est traversée, de l'ouest à l'est, par trois chaînes de montagnes, appartenant toutes les trois au *Grand-Atlas*, qui part de l'Océan, auquel il a donné son nom, et s'étend jusqu'au golfe de Cabès, en Tunisie.

La première, désignée sous le nom de *Petit-Atlas*, longe le littoral, et comprend l'*El-Got*, entre les affluents de la Tafna et ceux de la Macta; — la montagne des *Lions*, près d'Arzew: — le *Charel-el-Rib*, entre la Macta et le Chélif; — les monts *Dahra*, entre le Chélif et l'Isser; — le *Zakkar*, au nord de Milianah, et le *Mouzaïa*, au sud d'Alger; — l'*Affroum* et le *Djurjura*, de l'Isser au Bou-Messaoud; — les *Babors*, entre l'Oued-Messaoud et l'Oued-el-Kébir; — et l'*Edough*, entre les baies de Stora et de Bône.

La seconde chaîne de montagnes, connue sous le nom de *Moyen-Atlas*, longe le versant septentrional des hauts-plateaux, et comprend : les *Maghrouat* et *Harbour*, au sud du bassin du Haut-Chélif; — les *Challess*, les *Makmata* et le *Taïcha*, au nord du même bassin; — la *Methala*, le *Dhira* et le *Bou-Thaleb*, au nord de Boghar; — et les monts *Guerioun*, au sud de Constantine.

La troisième chaîne de montagnes, qui appartient directement au *Grand-Atlas*, longe le versant méridional des hauts plateaux, et comprend : les monts *Kseur, Amour, Djellal, Mondjeneb* et *Aourès*.

Rivières. — Les principales rivières *(oued)* de l'Algérie, qui se jettent dans la Méditerranée, c'est-à-dire celles qui arrosent le *Tell*, sont de l'ouest à l'est : la TAFNA ; l'OUED-MALEH (Rio-Salado) ; l'HABRA ; le CHÉLIFF ; l'OUED-CHIFFA ; l'OUED-HARRACH, l'ISSEUR DE L'EST ; l'OUEB-SEBAO ; l'OUED-SAHEL ; l'OUED-KEBIR ; l'OUED-SAFSAF ; l'OUED-RADJETA ; la SEYBOUSE ; l'OUED-MAFRAG, et l'OUED MEDJERDA.

La Tafna a sa source, appelée *Aïn-Habalet*, près de Sebdou. Après avoir traversé péniblement les montagnes de Tlemcen, elle arrose les grandes plaines situées au nord, puis elle vient se jeter dans la baie de *Rachgoun*. La Tafna a un cours de 135 kilomètres. Ses affluents sont, à droite l'*Isseur* de l'ouest, grossi de la Sekka (qui passe près de Tlemcen); et, à gauche, le *Monilah*, grossi par l'Isly qui arrose le Maroc.

L'Oued-Maleh (la rivière salée) est ce courant que nous appelons ordinairement, avec les Espagnols, *Rio-salado*, et que les Romains nommaient déjà *Flumen salsum*. Elle vient du massif de Tessela, et se jette dans la Méditerranée, au dessous du pont sur lequel on la passe en se rendant d'Oran à Tlemcen par Aïn-Temouchent. Son parcours est de 60 kilomètres.

L'Habra prend sa source au bord des hauts plateaux près de Daïa. Elle reçoit différents noms et notamment, à la hauteur de Mascara, celui de *Oued-*

el-Hammam (rivière des bains chauds) qu'elle doit aux sources thermales de Sidi-Benen-Nefla. Parmi ses nombreux affluents, le plus important est le *Sig*, qui a un développement à peu près égal au sien. (L'Habra, 200 kilom.; le Sig, 180.)

Le canal naturel par lequel les eaux des marais de l'*Habra et du Sig* arrivent à la mer, a reçu des Arabes la dénomination d'*Oued-el-Mokta* (la rivière du gué). C'est ce lieu qui est si connu sous le nom altéré de la *Macta*.

L'Habra se jette dans la mer, à douze lieues ouest d'Oran.

Le Chéliff naît sur la limite même du Tell et du Sahara, aux environs de Thiaret, d'un groupe de sources appelé *Sbaïn-Haïn* ou les *soixante-dix sources*. Au-dessous de ce point, on lui donne pendant quelque temps le nom de NARH-OUASSEL, (le fleuve qui commence). A Boghar, il pénètre dans une profonde crevasse des montagnes méridionales du Tell, traverse une partie de la province d'Alger et va se jeter dans la mer près de Mostaganem, après avoir arrosé les territoires de Médéah, de Milianah et d'Orléansville.

Le Chéliff est le cours d'eau le plus important de l'Algérie. Son parcours est de 550 kilomètres. Ses principaux affluents sont : la *Mina*, l'*Oued-Rihou*, l'*Oued-Isly* et l'*Oued-Fodda*.

La Chiffa a ses sources et son cours supérieur dans le pays montagneux qui sépare Blidah de Médéah. Elle traverse une vallée étroite et profonde connue sous le nom de *gorges de la Chiffa*, pénètre dans la plaine de la Mitidja et reçoit au bout de cette plaine deux autres rivières : l'*Oued-Djer* et l'*Oued-Bou-Roumi*. La Chiffa prend dès ce moment la dénomination de MAZAFRAN, (eau jaune), qu'elle doit à la couleur de ses eaux enflées par les pluies d'hiver. Elle longe ensuite la base du Sahel, en passant au pied de Koléah, et finit par couper le massif pour arriver à la mer. Son parcours est de 80 kilomètres.

L'Harrach est formée, au sein des montagnes situées à l'est de Blidah, par la réunion de l'*Oued-Mokta* et de l'*Oued-Akra*. Elle coule, comme la Chiffa, du sud au nord, divise en deux la partie centrale de la Mitidja et verse ses eaux dans la baie d'Alger, à 9 kilomètres de cette ville. Le cours de l'*Harrach* a une étendue de 65 kilomètres.

L'Isseur de l'Est, ainsi désigné pour le distinguer d'un affluent de la Tafna qui porte le même nom, est formé par la réunion de l'*Oued-Meleh* et de l'*Oued-Zaraouat*, dont les eaux viennent du *Kef-l'Akhrdar* et du *Djebel-Dirah*. L'Isseur arrose une partie de la Kabylie et va se jeter dans la mer, à l'ouest de Dellys. Son cours est de 121 kilomètres.

L'Oued-Sebao naît chez les Beni-Hidjer, au pied du col d'Akfadou, parcourt la Kabylie, traverse, dans des gorges profondes, le *Djebel-Belloua*, arrose le territoire de Tizi-Ouzou et va se jeter dans la mer près de Dellys. Son cours est de cent kilomètres

L'Oued-Sahel a sa source dans le *Djebel-Dira*, à Aumale ; il se dirige un instant au nord, tourne à l'est et ne cesse plus dès lors de longer la base du massif du Djerdjera jusqu'à l'endroit ou il arrive à la baie de Bougie, à peu de distance de cette ville. L'*Oued-Sahel* a un développement de 180 kilomètres.

L'Oued-el-Kébir, formée, à Constantine même, de la réunion de l'*Oued-Zaouch* et de l'*Oued-Bou-Merzoug,* y prend le nom d'OUED-ROUMEL (la rivière du sable) qu'elle conserve jusqu'à ce que, grossie par les eaux de l'*Oued-Endja,* elle soit devenue assez forte pour recevoir la dénomination qu'elle porte dans sa partie inférieure: OUED-EL-KÉBIR (la grande rivière). Elle a un développement de 110 kilomètres. Son embouchure est dans la baie de Djidjelli.

L'Oued-Safsaf a sa source entre Smendou (village de Condé) et le Kantours. Elle vient se jeter dans la mer près de Philippeville, après avoir parcouru une étendue de 90 kilomètres.

L'Oued-Radjeta qui descend du *Djebel-Taïa,* passe à Jemmapes, où elle est connue sous le nom d'*Oued-Fendek,* et vient se jeter dans la baie de Stora. Son parcours est de 100 kilomètres.

La Seybouse est formée de la jonction de deux petites rivières des hauts plateaux du pays des *Haracta.* Elle prend d'abord le nom d'*Oued-Cherf,* passe devant Guelma, traverse les montagnes qui limitent au sud les montagnes de Bône, et a son embouchure sous les murs de cette ville. Son principal affluent est l'*Oued-Zenati.* Elle a un développement de 170 kilomètres.

L'Oued-Mafrag est le nom que prend à son embouchure l'*Oued-el-Kébir*, du cercle de la Calle, qui vient du *Djebel-Dir*, sur la frontière de Tunis. Elle reçoit les eaux de l'*Oued-Bou-Namousa*. Son parcours est de 90 kilomètres.

La Medjerda n'a en Algérie que son cours supérieur ; le reste appartient à la Tunisie.

Elle a pour origine de belles sources sous les grandes ruines de Khremisa, l'ancienne *Vataris*. Son cours, en Algérie, est de 75 kilomètres.

Les rivières, assez nombreuses, mais peu importantes, qui sont situées dans la région des plateaux, se jettent dans les *chotts* ou lacs. Les principaux chotts sont ceux d'*El-Garbi* et de *Chergui*.

Les eaux du versant méridional de l'Atlas se jettent dans la grande rivière du *Chevreau* (Oued-Djeddi), qui, elle même se jette dans le chott *el Melgigh*.

CHAPITRE IV.

HISTOIRE.

—

Le territoire qui forme actuellement l'Algérie appartenait aux Carthaginois lorsque les Romains s'en emparèrent, vers l'an 142 avant J.-C.

Cette partie de l'Afrique fut divisée par les Romains en trois provinces :

1° La *Numidie*, ayant pour métropole *Cirta*, aujourd'hui *Constantine*.

2° La *Mauritanie sitifienne*, métropole *Sitifis* (*Sétif*).

3° La *Mauritanie Césarienne*, métropole *Julia Césarea*, aujourd'hui *Cherchell*.

A la chute de l'empire, la Numidie et les deux Mauritanie furent envahies par les Vandales (430), puis occupées par les grecs Byzantins (533), et enfin conquises par les Arabes mahométans, qui s'y établirent dès le VII° siècle.

Les Arabes fondèrent, en 985, sur l'emplacement d'*Icosium* (ancienne cité dépendant de la Mauritanie césarienne), la ville d'*El-Djezaïr* (Alger), qui acquit dans la suite une grande importance, et devint la capitale d'un royaume auquel elle donna son nom.

En 1492, les Maures chassés d'Espagne vinrent se réfugier en Algérie, et ne tardèrent pas à grossir le nombre des pirates qui, déjà à cette époque infestaient la Méditerranée. Le désir de la vengeance les poussant particulièrement vers les côtes de l'Espagne, Ferdinand-le-Catholique se vit obligé d'armer une flotille pour les châtier. Le comte Pedro Navarro, vint en 1510 s'établir sur un îlot situé en face d'Alger et y fit construire une forteresse appelée Pegnon, d'où il tint en respect la marine Algérienne.

En 1516, les Algériens appelèrent à leur secours, pour détruire le Pegnon, Aroudj-Barberousse, pirate turc, qui assassina le roi d'Alger et se mit à sa place. — En 1529, Kaïr-Ed-Din, frère et successeur d'Aroudj parvint à chasser les Espagnols de leur forteresse. — Charles-Quint fit une expédition contre Alger, en 1541 ; mais il échoua. Les Espagnols qui occupaient Bougie et Oran depuis quelques années, furent expulsés de Bougie en 1555 ; ils ne conservèrent que le port d'Oran et la forteresse de Mers-el-Kébir, où ils surent se maintenir jusqu'en 1708.

Pendant ces diverses guerres, François Ier avait fait avec le sultan Soliman un traité de paix et de commerce, en vertu duquel la France était autorisée à entretenir des consuls à Alger. Encouragés par les bonnes relations qui existaient entre les deux pays, des Marseillais fondèrent, quelques années plus tard, à la Calle, un établissement pour la pêche du corail (1560).

Cette entente ne dura pas longtemps. Les pirates algériens reprirent leurs courses contre les navires français, emmenant en captivité tous les chrétiens qu'ils rencontraient ou qu'ils pouvaient surprendre sur les bords de la Méditerranée.

Louis XIV fit bombarder Alger par Duquesne, en 1682, et par le maréchal d'Estrées, en 1688. Un nouveau traité survint, mais la situation demeura la même. Vainement la France, l'Espagne, les Etats-Unis, l'Angleterre et la Hollande, envoyèrent des escadres (1732-1775-1815-1816) : le bruit du canon n'était pas éteint que la piraterie recommençait. Les puissances en étaient réduites à acheter la paix. Elles versaient annuellement, sous forme de tribut ou de présent, de très-fortes sommes entre les mains du dey ou pacha d'Alger, et encore les consuls des plus grandes nations n'étaient-ils pas à l'abri des insultes des officiers turcs et des pachas eux-mêmes.

A la France était réservé l'honneur de mettre fin à cette humilante situation. Le 14 juin 1830, le lieutenant-général de Bourmont débarqua, à la tête de 37 mille hommes, sur la plage de Sidi-Ferruch, et le

5 juillet, le drapeau français flottait sur la Casbah d'Alger.

A dater de ce moment, l'histoire de l'Algérie n'est qu'une suite de glorieux combats, agrandissant chaque jour le cercle de nos possessions.

CHAPITRE V.

STATISTIQUE DE L'ALGÉRIE.

Population. — La population de l'Algérie est de 3,062,124 habitants, répartis ainsi qu'il suit :

Français...........................	112,229
Etrangers.......................	80,517
Arabes des villes...............	358,760
Arabes des tribus...............	2,374,091
Juifs indigènes.................	28,097
Armée...........................	63,000
Arabes étrangers...............	32,288
Population en bloc (1).........	13,142
Total........	3,062,124

Gouvernement et administration. — Le gouvernement et la haute administration de la colonie

(1) *La population en bloc* se compose du personnel des hôpitaux, des orphelinats, des lycées, des colléges, des pensionnats, des séminaires, des couvents et des prisons.

sont centralisés à Alger, sous l'autorité du GOUVERNEUR GÉNÉRAL, qui rend compte directement à l'empereur, de la situation politique et administrative du pays.

Un SOUS-GOUVERNEUR, général de division, chef d'état-major général, supplée le gouverneur général, en cas d'absence.

Le sous-gouverneur est spécialement chargé de l'administration des affaires arabes. Il exerce, en outre, les attributions civiles qui lui sont déléguées par le gouverneur-général.

Un SECRÉTAIRE GÉNÉRAL DU GOUVERNEMENT est chargé, sous l'autorité du gouverneur général, de l'expédition des affaires civiles.

Le gouverneur général est assisté d'un conseil de gouvernement pour l'administration des affaires civiles.

Un conseil supérieur, composé des chefs des divers services et de délégués des conseils généraux des provinces, est appelé à donner son avis sur les questions de haute administration qui lui sont soumises. Il arrête provisoirement le budget général de l'Algérie. Ce budget est ensuite transmis au ministre de la guerre qui est chargé d'en soutenir la discussion au conseil d'Etat et d'en suivre l'execution comme budget annexe de son département.

Administration provinciale. — L'Algérie est divisée administrativement en trois provinces : Alger, au centre ; Oran, à l'ouest, et Constantine, à l'est.

Chaque province renferme un *territoire civil* et un *territoire militaire.*

L'administration générale du territoire civil et du

territoire militaire de chaque province est confiée au général commandant la division qui prend le titre de *général commandant la province*.

Un conseil général de la province, embrassant dans ses attributions les territoires civils et militaires, composé de membres choisis parmi les européens et les indigènes, tient chaque année une session au chef-lieu.

Le *territoire civil* de chaque province forme un *département* administré par un préfet, sous l'autorité du général commandant la province. Le département est subdivisé en *arrondissements, districts* et *communes*.

Le *territoire militaire*, administré directement par le général commandant la province, est divisé en circonscriptions ou *subdivisions militaires*, qui sont elles-mêmes subdivisées en *cercles* et en *kaïdats*.

Les français, les étrangers, les indigènes, habitant d'une manière permanente les circonscriptions des communes constituées, sont régis, dans les deux territoires par les institutions civiles.

Les indigènes, vivant, soit isolément, soit à l'état de tribus, et qui ne sont pas rattachés à des communes constituées, sont soumis à l'autorité militaire, dont la mission est de les préparer à passer sous le régime du droit commun.

Justice. — La justice est rendue en Algérie par des tribunaux français et par des tribunaux indigènes.

TRIBUNAUX FRANÇAIS. — Alger est le siége d'une cour impériale à laquelle ressortissent neuf tribunaux de première instance et trente-cinq justices de paix, institués dans les diverses localités des trois départements.

TRIBUNAUX INDIGÈNES. — La justice est rendue en premier ressort par des *cadis*, assistés d'un certain nombre d'*adels* (assesseurs). Les parties se défendent elles-mêmes ou sont représentées par des *oukils* (agents d'affaires).

Dans les trois jours qui suivent le jugement rendu par le cadi, les parties peuvent demander que la cause soit examinée de nouveau par un *medjelès*. Le medjelès est un conseil essentiellement consultatif, composé du cadi qui a rendu le jugement et d'autres magistrats musulmans qu'il s'adjoint.

Les appels sont portés, suivant le cas, devant les tribunaux de première instance ou devant la cour impériale.

Pour garantir aux indigènes l'application de leurs lois dans les causes portées en appel devant nos tribunaux, des assesseurs musulmans sont adjoints aux magistrats français, mais avec voix consultative seulement,

Cultes. — CULTE CATHOLIQUE. — En vertu d'une ordonnance royale du 25 août 1838, les possessions françaises dans le nord de l'Afrique forment un diocèse, dont le siége épiscopal, établi à Alger, est suffragant de l'archevêché d'Aix.

Ce diocèse a été érigé sous le titre de *Julia-Cæsarea*, par N. S. P. le Pape, le 9 août 1838.

Il y a en Algérie environ 300 prêtres, dont 141 desservants et 40 vicaires reconnus par l'État. Il existe plusieurs communautés religieuses, toutes vouées à la vie active : les trappistes, qui cultivent de grandes étendues de terre (1); les jésuites et les lazaristes, qui dirigent des orphelinats agricoles; les religieuses trinitaires; les sœurs de St-Vincent-de-Paul et de la Doctrine chrétienne; les religieuses du Bon-Pasteur et du Sacré-Cœur, qui toutes se consacrent à l'éducation de la jeunesse ou aux soins à donner aux malades.

CULTE PROTESTANT. — La population protestante a ses pasteurs dans toutes les localités où l'agglomération a quelque importance. Un consistoire central, siégeant à Alger, dirige les intérêts de toutes les églises du culte réformé ou de la confession d'Ausbourg,

CULTE ISRAÉLITE. — Les israélites ont un consistoire central à Alger et des consistoires provinciaux à Oran et à Constantine.

CULTE MUSULMAN. — Le personnel de ce culte est composé :

1° D'un *muphti*, chef du culte dans chaque circonscription;

2° De l'*iman*, qui dirige les prières et le service religieux;

3° Du *mouderrès*, ou professeur, spécialement chargé de l'enseignement supérieur dans les mosquées;

(1) « A vos portes, disait naguère M. le baron Dupin à M. le maire « d'Alger, à vos portes, cent cultivateurs cénobites ont fait une œuvre si « grande, qu'il n'existe rien de supérieur dans toute la chrétienté; éta- « blissez des *staouélis* jusque dans les oasis les plus lointaines. Il ne s'agit « plus de renouveler dans les thebaïdes l'ascétisme des contemplations inoc- « cupées, mais d'ajouter à la prière les miracles du travail appliqués à la « nourriture des pauvres et des malheureux. »

4° Du *bach-hazzab*, ou chef des lecteurs ;

5° Des *hazzabuis*, lecteurs du Coran ;

a° Des *mouaktin*, préposés à la détermination de l'heure du culte ;

7° Des *mued-din*, ou crieurs des mosquées, qui sont chargés d'indiquer, du haut du minaret, les heures des prières ;

8° Des *tolbas*, destinés aux fonctions du culte.

Instruction publique. — Alger est le siége d'une Académie, dont le ressort embrasse les trois provinces.

L'enseignement aux divers degrés compte dans la colonie : une école préparatoire de médecine et de pharmacie, à Alger ; — trois cours publics d'arabe, à Alger, à Constantine et à Oran ; — un lycée impérial à Alger ; quatre colléges communaux à Bône, Constantine, Philippeville et Oran, et environ quatre cent vingt-cinq écoles primaires, publiques ou privées, pour les Européens.

Les israélites ont leurs écoles rabbiniques.

Des écoles arabes françaises, des écoles supérieures et primaires musulmanes et un collége impérial français arabe, établi à Alger, sont particulièrement affectés à la population musulmane.

Il existe également à Alger une école des mousses, où les jeunes indigènes sont formés au métier de la mer.

Assistance publique. — Indépendamment des établissements d'assistance publique existant en France et qui fonctionnent également en Algérie, il a été créé dans la colonie quelques établissements spéciaux pour venir en aide à la population indigène ·

1° A Alger et dans plusieurs autres villes, des bureaux de bienfaisance distribuent des secours aux indigènes musulmans.

2° A Alger et à Constantine, il a été fondé des asiles où sont reçus à demeure fixe les musulmans des deux sexes que leur grand âge et leurs infirmités empêchent de se livrer à aucun travail, et temporairement les indigènes atteints de maladies passagères, qui répugnent à se faire traiter dans les hôpitaux affectés aux Européens.

3° Il a été organisé un service médical indigène, qui comprend : les soins médicaux à donner aux malades et aux invalides recueillis dans les asiles; les consultations gratuites données chaque jour dans un local attenant au bureau arabe départemental; les visites à domicile des malades que leur état empêche de se présenter aux consultations gratuites; la vaccination des enfants indigènes; et l'inspection, sous le rapport médical des écoles arabes françaises.

Armée. — L'Algérie forme trois divisions militaires : Alger, Oran et Constantine.

L'armée d'Afrique, dont l'effectif est de 70,000 hommes environ, se compose de régiments de toutes armes envoyés de France, et de corps spéciaux créés dans le pays.

Ces corps spéciaux sont au nombre de cinq : les chasseurs d'Afrique, — les spahis, — les zouaves, — les tirailleurs indigènes et la légion étrangère.

Les régiments de spahis et de tirailleurs indigènes

sont essentiellement formés d'Arabes, de Kabyles et de Nègres. Les officiers supérieurs et les capitaines sont tous Européens ; quant aux officiers subalternes et aux sous-officiers, ils sont choisis moitié parmi les Européens, moitié parmi les indigènes.

Marine impériale. — La station de l'Algérie est placée sous les ordres d'un contre-amiral. Elle se compose d'une frégate, de six avisos à vapeur, d'une corvette à voile, d'un brick et de deux balancelles.

Finances. — Les dépenses spéciales à l'Algérie, en dehors de celles qui ont pour objet l'armée, l'instruction publique et la justice, s'élèvent à 20 millions ; le chiffre de ses revenus est de 23 millions : ce qui donne un excédant de trois millions, et prouve que l'Algérie, au lieu d'être une charge pour la France, tend au contraire à augmenter ses ressources financières.

Les divers services financiers sont organisés en Algérie comme en France, à l'exception de l'impôt arabe, qui est perçu par l'intermédiaire des chefs indigènes.

Agriculture. — Aux divers points de vue de la qualité des terrains, de leur exposition et de la température, l'Algérie est une terre vraiment privilégiée.

Le sol, presque partout noir ou d'un rouge brun, formé par la désagrégation de roches primitives abondantes en sels potassiques, ou, dans les plaines alluvionnaires, riche en humus et en calcaires, est une admirable terre à froments, d'une fécondité inépuisable.

La température, assez analogue dans la région du *Tell* à celle de l'Italie et de l'Espagne, favorise toutes les cultures industrielles, depuis le lin jusqu'au coton, depuis la garance jusqu'au tabac. En même temps la vigne y prospère comme en Espagne et en France, et donne des rendements inconnus sur nos sols épuisés.

Enfin. partout où un cours d'eau, un barrage, un forage artésien fournissent aux irrigations, il n'y a pas d'interruption à la production du sol, où reviennent trois ou quatre récoltes successives.

Un membre du parlement anglais, l'honorable M. Caird, qui a récemment visité l'Algérie, résume en ces termes les richesses agricoles du pays et l'état actuel de la colonisation :

L'étendue des terres cultivables s'élève à 34 millions d'acres (1), ce qui représente une surface supérieure à la quantité cultivable en Angleterre. De ces 34 millions, 5 sont en culture, 10 en pâturages et 12 en landes et couverts d'épais taillis et de palmiers-nains. En 1861, il n'y avait pas moins de 2 millions d'acres en orge, ce qui est immense, si l'on veut bien réfléchir que la totalité des terres semées en orge, en Angleterre, est à peine estimée à 1 million d'acres. Les récoltes végétales sont donc très-abondantes ; la moisson commençant fin avril, un commerce considérable s'établit avec les capitales de France et d'Angleterre pour faire face de bonne heure aux besoins de la consommation. L'huile d'olive est également exportée en

(1) La contenance de l'*acre* est égale à 40 ares 40 cent., soit au total 14 millions d'hectares environ.

grande quantité, et un article connu sous la dénomination de crin végétal obtenu du palmier-nain, est
employé pour rembourrer les lits, les siéges, les
coussins, etc.

M. Cair fait aussi mention du tabac, dont pas un
atôme n'était exporté en 1840, et qui a été exporté
l'année dernière pour une valeur de 5,500,000 fr. —
Environ 13,500 acres sont couverts de vignobles.....
Quant aux bestiaux et aux troupeaux de moutons, on
a calculé qu'il y avait en Algérie un million de vaches
et 10 millions de moutons. De fait, le gouvernement
français considère les troupeaux comme le plus profi-
table produit du pays, et regarde cette contrée comme
l'Australie de la France. M. Caird a eu l'opportunité de
visiter une ferme d'élevage de troupeaux, dans laquelle
il vit que trois bergers dirigeaient 1,400 moutons, qui
tous étaient en parfait état, et les brebis ont fourni
une augmentation d'un produit par tête pendant la
saison. Le troupeau n'a jamais besoin d'une nourriture
artificielle. Le seul soin qu'il réclame, c'est d'être
abrité pendant les mois très-chauds de juin, de
juillet et d'août.

MINES. — Les richesses minéralogiques de l'Algérie
sont nombreuses et remarquables à plus d'un titre. Le
mercure et le plomb abondent dans les trois provinces. Quinze mines ont déjà été concédées; mais quatre seulement sont en exploitation :

1° La mine de *Karezas*, située dans la province de
Constantine. On en a extrait, en 1860, près de 200,000
quintaux de minerai de fer, dont le cinquième a été
fondu à l'usine de l'Alélik, près de Bône. Elle fournit

de la fonte aciéreuse très-recherchée par les fabricants d'acier.

2° La mine de *Kef-oum-Teboul*, située dens la même province. En 1860, elle a donné 26,000 quintaux de plomb argentifère et aurifère, mélangé de cuivre et de zinc.

3° La mine de *Gar-Rouban*, située dans la province d'Oran. On en a extrait, en 1860, 26,275 quintaux de plomb argentifère, mêlé de cuivre.

4° La mine de *Rat-el-Mah*, située dans la province de Constantine. Elle est très-riche en sulfure de mercure, que l'on traite sur place, et donne de remarquables produits.

Ces quatre exploitations sont en voie de prospérité. On expédie en Angleterre et en France la plus grande partie des minerais, qu'on livre au commerce bocardés et lavés; le reste est traité sur place. La valeur totale des produits bruts exportés de l'Algérie, varie de deux à trois millions.

CARRIÈRES. — Les plus remarquables de l'Algérie sont : dans la province d'Alger, les pierres lithographiques de Dellys et les marbres gris du cap Matifou; — dans la province de Constantine : 1° les grès secondaires qui s'étendent auprès de Bône, et qui renferment des gisements de meulières, comparables, pour la qualité, aux pierres mêmes de la Franconie; — 2° les marbres de Filfilas, près de Philippeville, qui rivalisent avec les marbres si renommés de Carrâre, et peuvent fournir à la statuaire de précieuses ressources; — dans la province d'Oran : 1° les marbres d'Aïn-Ouïn-Kel, près d'Arzew veinés de rose et de rouge acajou, si recherchés par l'industrie parisienne, qui sait en tirer un admirable parti ; — 2° les marbres onyx, découverts en 1852 aux environs de Tlemcen, et que l'on croit être l'albâtre translucide des Romains.

SOURCES MINÉRALES ET THERMALES. — Il existe en Algérie un grand nombre de sources minérales et thermales qui, sous le rapport des propriétés thérapeutiques, ne le cèdent à aucune de celles qui sont le plus recherchées en Europe.

On cite notamment :

1° Dans la province d'Alger, les sources de *Hammam-Melouan*, sur la rive droite de l'Arrach, à 34 kilomètres d'Alger, qui sont en grand renom chez les indigènes. Leur température est de 42 à 44 degrés ; — les eaux de *Hammam-Rhira*, situées près de Milianah, et dont la température varie de 44 à 46 degrés ; ces eaux sont salines et produisent d'excellents effets dans les rhumatismes articulaires, les douleurs nerveuses et les blessures ; un établissement thermal y a été construit pour l'armée. Une source ferrugineuse dont la température est de 65 degrés, a été découverte en 1856, sur le même point, au milieu des ruines romaines d'*Aquæ-Calidæ*.

2° Dans la province d'Oran, les sources des *Bains-de-la-Reine*, sur le bord de la mer, entre Mers-el-Kébir et Oran, à deux kilomètres de cette dernière ville (52 degrés) ; très-fréquentées par les habitants d'Oran et utilisées par l'hôpital militaire ; la source de *Hammam-bou-Hadjar*, à 18 kilomètres d'Aïn-Temouchent (57 degrés), ferrugineuse et acidulée, en grande réputation chez les indigènes ; — et la source de *Hammam-bou-*

Hanifai, située à 20 kilomètres de Mascara (60 à 66 degrés), propriétés analogues à celles de Bourbonne-les-Bains et de Luxeuil.

3° Dans la province de Constantine : les sources de *Hammam-Meskoutin*, à 10 kilomètres de Guelma (70 et 94 degrés), sulfureuses, alcalines, acidulées, salées et arsenitées, très-efficaces dans les cas de douleurs articulaires; — les eaux de *Sidi-Mimoum*, [près de Constantine. rive gauche du Rummel (26 degrés), ancien bain romain très-fréquenté par les indigènes et par les Européens.

FORÊTS. — La contenance totale des forêts de l'Algérie, est de un million huit cent mille hectares, soit, près de la moitié de plus qu'en France, où les forêts ne couvrent qu'une étendue d'un million d'hectares.

Les essences dominantes sont le chêne-liège, le chêne-zeen, le chêne à glands doux, le pin d'Alep, le cèdre, l'orme, le frène, le thuya et l'olivier.

Parmi les bois les plus recherchés, on cite en première ligne le thuya. « Aucun bois, dit M. Piesse, dans « le *Guide Algérien* n'est aussi riche de mouchetures, « de moires et de veines flambées que la souche de « Thuya. Ce bois réunit ce que l'ébénisterie recherche « en richesses de veines et de nuances dans les diffé- « rents bois des îles : la mouche, la moire, la chenille, « qui s'y rencontrent avec une profusion vraiment « extraordinaire. Aussi, les fabricants d'ébénisterie de « Paris, en font-ils déjà un emploi suivi, et sont-ils « unanimes à reconnaître la *supériorité de richesse et* « *de qualité du thuya sur tous les bois connus jusqu'à ce* « *jour.* »

ARBRES A FRUITS. — Presque tous les arbres fruitiers de l'Europe ont été acclimatés en Algérie. L'aman-
dier et le figuier y réussissent aussi bien que le bana-
nier, l'oranger et le palmier-dattier. — L'olivier y est
très-répandu et forme une des principales richesses
de la Kabylie. Ainsi, le marché de Bougie a donné,
dans une année, plus de cinq millions de litres d'huile
d'olive.

CÉRÉALES. — Dès l'antiquité, l'Afrique du Nord
était déjà renommée pour sa fertilité en grains.

Les Romains, après avoir soumis cette contrée, en
firent le *grenier de l'Italie*, et ce surnom appliqué par
Salluste, a survécu comme le signe distinctif d'une
aptitude spéciale.

Pline raconte dans un chapitre de son HISTOIRE
UNIVERSELLE, intitulé : *De la fertilité du blé en Afrique*,
que l'intendant de l'empereur Auguste lui envoya un
pied de froment d'où sortaient près de 400 tiges, toutes
provenant d'un seul grain ; et qu'un intendant de Néron
lui envoya 300 tiges de froment, également produites
par un seul grain.

Les mêmes faits ont été remarqués depuis l'occupation française. Il y a peu d'années, un colon de Misserghin a offert, à la Société d'agriculture d'Oran, un
pied d'orge contenant 343 épis provenant d'un seul
grain.

La supériorité des conditions naturelles de production en Algérie, se reconnaît surtout à l'ensemence-
ment. Pour obtenir le maximum de récolte, il suffit de
semer un hectolitre ou un hectolitre et demi de blé par
hectare.

L'Algérie, dans ces dernières années, a expédié en Europe des quantités considérables de grains, dont le chiffre, en 1854, s'est élevé à un million et demi d'hectolitres, plus trois millions et demi de farines, et deux millions et demi de pain et de biscuit de mer.

Les cultures de 1854 comprenaient 700,000 hectares, qui ont produit 9 millions d'hectolitres de grains, d'une valeur de 135 millions de francs.

Celles de 1861 ont compris deux millions d'hectares, qui ont produit onze millions et demi d'hectolitres de grains, d'une valeur de 176 millions.

Cette augmentations de plus d'un million d'hectares dans la culture des céréales, prouve les rapides progrès que la colonisation fait chaque année en Algérie (1).

Le blé dur d'Afrique est d'une qualité supérieure. Un fabricant de Marseille, M. Joseph Brunet, a eu la pensée de l'employer dans la fabrication des semoules, et il y a trouvé la source d'une fortune considérable. Ses semoules, couronnées à toutes les expositions, servent à fabriquer des pâtes alimentaires qui sont préférées aux pâtes d'Italie elles-mêmes.

A la suite de l'exposition de Londres, l'empereur a décerné à cet industriel la croix de la légion d'honneur, voulant faire connaître à tous le haut intérêt qu'il porte aux progrès de l'industrie et à la prospérité de l'Algérie.

COTON. — La culture du coton réussit parfaitement en Algérie. Elle a progressé en dix ans dans la proportion de 4 à 159. Ainsi, en 1851, on ne récoltait que quatre mille kilogrammes de coton, et, en 1861,

(1) Voir : *L'Algérie à l'exposition universelle de Londres*, p. 76.

ce chiffre s'est élevé à cent cinquante-neuf mille kilogrammes.

Ces progrès se soutiennent et donnent de grandes espérances. En 1862, la province d'Alger ne comptait guère qu'une quarantaine d'hectares cultivés en coton : en 1863, cette culture a atteint le chiffre de 600 hectares.

La culture du coton est extrêmement productive. Il résulte, en effet, des renseignement publiés par le *Moniteur de l'Algérie*, sur les récoltes effectuées en 1863, par divers propriétaires de la province d'Oran, qu'un hectare planté en coton peut produire et a produit, en moyenne, un bénéfice net de 4,000 francs.

TABAC. — En 1844, trois planteurs européens cultivaient 1 hectare 42 ares de tabac, et en récoltaient 2,007 kilogrammes ; aujourd'hui le nombre des planteurs et celui des hectares se comptent par milliers, et le chiffre des kilogrammes récoltés s'élève à plusieurs millions.

Les tabacs d'Algérie laissent déjà loin derrière eux les tabacs si renommés d'Egypte, de Macédoine et de Grèce.

La culture du tabac est des plus fructueuses. Cette plante rend, dans de bonnes conditions, jusqu'à 8 et 900 francs par hectare, déduction faite de tous les frais quelconques.

AUTRES CULTURES. — Indépendamment des céréales, de la vigne, du tabac, du coton, du lin et du chanvre, dont la culture est définitivement acquise à l'Algérie et qui assurent une grande aisance aux colons, il existe plusieurs sources de produits qui n'attendent qu'une exploitation intelligente pour donner des résultats fort avantageux : ainsi, la culture des plantes odoriférantes, du nopal, de la garance, de l'indigo, du sorgho à sucre, du ricin, du pavot à opium.

Déjà la plupart de ces cultures ont été essayées et ont parfaitement réussi.

ANIMAUX DOMESTIQUES. — Les chevaux occupent une grande place dans l'existence des Arabes ; aussi l'industrie chevaline est-elle une des branches les plus importantes de l'agriculture algérienne. Le nombre des chevaux élevés, chaque année, est très-considérable. Dans le but d'améliorer les produits, le gouvernement a fondé des primes pour les poulains et les pouliches de la plus belle venue. Des primes d'encouragement sont également accordées aux chevaux adultes, et des courses annuelles instituées à Alger, à Oran et à Constantine, permettent de juger des résultats obtenus

La population chevaline, asine et mulassière, en Algérie, est évaluée approximativement à 72,000 chevaux, 92,000 juments, 117,000 mulets et 193,000 ânes et ânesses.

Ces ressources suffisent non-seulement à pourvoir à la remonte des régiments de cavalerie français et indigènes de l'armée d'Afrique ; mais elles permettent encore de subvenir à celle d'un certain nombre de régiments qui, après un temps donné, quittent l'Algérie pour rentrer en France (1).

M. le général Daumas, qui a écrit de si belles pages

(1) *Tableau de la situation des établissements français dans l'Algérie.* — p. 217.

sur l'Algérie s'exprime en ces termes au sujet des chevaux arabes .

« Chez un peuple pasteur et nomade, qui rayonne sur de vastes pâturages, et dont la population n'est pas en rapport avec l'étendue de son territoire, le cheval est une nécessité de la vie. Avec son cheval, l'Arabe commerce et voyage ; il surveille ses nombreux troupeaux, il brille aux combats, aux noces, aux fêtes de ses *marabouts;* l'espace n'est plus rien pour lui.

« Aussi, les Arabes du Sahara se livrent-ils avec passion à l'élève des chevaux ; ils savent ce que vaut leur sang, ils soignent leurs croisements, ils améliorent leurs espèces.

« L'amour du cheval est passé dans le sang arabe. Ce noble animal est le compagnon d'armes et l'ami du chef de la tente, c'est un des serviteurs de la famille : on étudie ses mœurs, ses besoins, on le chante dans des chansons, on l'exhalte dans les causeries. Chaque jour, dans ces réunions en dehors du *douar,* où le privilége de la parole est au plus âgé seul, et qui se distinguent par la décence des auditeurs assis en cercle sur le sable ou sur le gazon, les jeunes gens ajoutent à leurs connaissances pratiques les conseils et les traditions des anciens (1). »

Le chameau, ou pour être plus exact, le dromadaire, est le serviteur par excellence de l'Arabe nomade ; il peut faire quinze lieues par jour, et se passer de nourriture et de boisson pendant plusieurs jours. Le prix d'un chameau ordinaire varie de 90 à 150 francs.

_____

(1) *Mœurs et coutumes de l'Algérie,* par le général Daumas, p. 302.

Industrie. — L'industrie n'a pas encore acquis beaucoup d'extension en Algérie. On peut citer cependant les fabriques de sparterie, dans la province d'Alger ; les hauts fourneaux de l'Alelik, près de Bône, qui fournissent au commerce d'excellente fonte aciéreuse ; les usines de Kif-oum-Teboul, près de la Calle, et de Gar-Rouban, près de Tlemcen, où se traitent les minerais de cuivre et de plomb argentifère ; celle de Jemmapes, non loin de Philippeville, où l'on traite le mercure ; et celle de St-Denis-du-Sig (province d'Oran) où l'on égrène le coton.

Les Arabes confectionnent des burnous, des haiks, des tapis, des babouches et des fichus lainés d'or et d'argent ; les Kabyles fabriquent des poteries, des fusils, des sabres, des poignards et d'excellente poudre.

Commerce. — L'Algérie importe : les tissus, les vins, les eaux-de-vie, le sucre, le café, les savons, les peaux préparées, les matériaux à bâtir, les ouvrages en métaux, les verreries et les cristaux.

La somme totale de ses importations s'est élevée, en 1861, à 116 millions ; ce chiffre n'était que de 6 millions en 1834.

Les principales marchandises exportées, sont : les huiles d'olives, les peaux brutes, la soie en cocon et grège, le coton, différents minerais, le corail, les tabacs en feuilles, les céréales en grain, les bois de myrte, le thuya, les fruits, les primeurs et les essences.

Le chiffre total des exportations, qui n'était que d'un million en 1834, s'est élevé à 165 millions en 1861.

Voies de communication. — Avant notre
arrivée en Algérie, il n'existait pas de grandes voies
de communication d'une ville à une autre ; à peine
comptait-on quelques petits chemins, mal entrete-
nus, aux environs d'Alger, d'Oran et de Constantine.
« Le territoire de la Régence, divisé entre une mul-
titude de douars, n'offrait aux voyageurs, ni ressources, ni sécurité ; le commerce était nul, l'agriculture
en souffrance, et les Arabes de l'intérieur, dont rien
n'aiguillonnait l'énergie, croupissaient dans la misère.
Aussi, de province à province, et même du village
à la ville, les relations étaient rares ; les routes
disparaissaient perdues dans les broussailles et effon-
drées par les torrents, sans que personne en prît
souci (1). »

Le premier soin de la France a été, au fur et à
mesure de la conquête, de tracer des routes, de faci-
liter par tous les moyens les relations entre les indigènes et les européens. Aussi le commerce a-t-il pris
en quelques années une extension considérable. Si on
comparait le mouvement d'affaires qui avait lieu en
Algérie avant 1830, et celui qui existe actuellement,
on serait surpris de la transformation accomplie
par le seul fait de l'ouverture des voies de communication.

En quelques années, l'armée a ouvert plus de cinquante routes d'une longueur totale de quatre mille
kilomètres, et un très-grand nombre de chemins vici-
naux. « L'honneur de l'armée d'Afrique, dit avec
beaucoup d'à-propos, M. le colonel Ribourt, est peut-

(1) *Etat actuel de l'Algérie*, par Achille Fillias, p. 90

être moins dans les succès de la guerre que dans les labeurs de la paix. Depuis les légions romaines qui maniaient la pioche aussi bien que l'épée, nulle armée au monde n'a accompli autant de travaux, ni tant fait pour livrer un grand pays à la culture et à la civilisation. — Il faut qu'on sache que lorsque nos soldats ne se battaient point, ils travaillaient; et que chaque année, durant sept mois, cinquante ou soixante mille hommes étaient échelonnés au travers de la contrée pour ouvrir des routes, dessécher les marais, combler les fondrières, abaisser les montagnes, faire des ponts, des barrages, bâtir dans les tribus des maisons de commandement, sur les chemins des caravansérails, et créer, dans le désert, des oasis nouvelles. »

L'œuvre commencée par l'armée, se poursuit avec une grande activité par l'administration civile. Bientôt, non-seulement le nombre des chemins aura doublé, mais encore un réseau de chemins de fer reliera les trois provinces entre elles. Le gouvernement vient de concéder à la Compagnie de Paris à la Méditerranée, les chemins de fer algériens qui auront une étendue totale de 543 kilomètres.

CHAPITRE VI.

DESCRIPTION DES PROVINCES ET DES DÉPARTEMENTS DE L'ALGÉRIE.

PROVINCES ET DÉPARTEMENT D'ALGER.

PROVINCE.

La province d'Alger est limitée : au *nord*, par la mer Méditerranée ; à l'*est*, par la province de Constantine ; au *sud*, par le désert du Sahara ; et à l'*ouest*, par la province d'Oran.

Le territoire occupé par cette province, faisait partie, du temps des Romains, de la *Mauritanie Césarienne*.

Cette partie de la Mauritanie Césarienne comprenait entre autres villes importantes :

Julia Cæsarea (Cherchel), qui reçut le droit de colonie de l'empereur Claude, et qui devint le siége d'un évêché.

Icosium (Alger), qui eut également un évêque.

Rusgunia, dont les ruines se voient encore au cap Matifou.

Rusuccurum (Dellys).

Velisci, située non loin du village actuel de Bouffarik.

Et plusienrs autres, dont les ruines couvrent le sol algérien.

Sous la domination turque, cette partie de la Mauritanie fut divisée en deux provinces, dont l'une eut pour chef-lieu Alger, et l'autre Tittery.

La contenance superficielle de la province d'Alger, est de 185,000 kilomètres carrés ; et sa population, de 958,000 habitants, dont 857,000 indigènes et 83,000 Européens.

Cette province est divisée, comme les deux autres provinces, en deux territoires : *territoire civil* et *territoire militaire.*

Le territoire civil, administré par un préfet, sous l'autorité du général commandant la province, forme le *département d'Alger,* et comprend quatre arrondissements : 1° *Alger,* arrondissement chef-lieu ; — 2° *Blidah;* — 3° *Médéah;* — 4° *Milianah.*

Le territoire militaire, administré directement par le général commandant la province, forme la *division d'Alger,* et comprend six subdivisions : *Blidah, Dellys, Aumale, Médéah, Milianah, Orléansville.*

TERRITOIRE CIVIL OU DÉPARTEMENT.

Le département d'Alger, avons-nous dit, se divise : en quatre arrondissements : *Alger, Blidah, Médéah* et *Milianah.*Chacun de ces arrondissements renferme un certain nombre de districts, de communes et d'annexes ou sections de communes. Les arrondissements sont administrés par des sous-préfets ; les districts, par des commissaires civils (administrateurs dont les attributions sont semblables à celles des sous-préfets, mais dont l'action ne s'étend qu'à une circonscription territoriale de moindre importance); les communes sont administrées par des maires; et les annexes, par des adjoints.

ARRONDISSEMENT D'ALGER.

—

Cet arrondissement, administré directement par le préfet, a pour chef-lieu, le chef-lieu du département. Il se compose de trois districts : *Aumale*, *Dellys* et *Ténès*, et de huit communes (indépendamment des communes chefs-lieux d'arrondissement et de district) : *Arba*, *Birkhadem*, *Delly-Ibrahim*, *Douéra*, *Fondouk*, *Kouba* et *Rassauta*.

Alger.

SITUATION. — La ville d'*Alger* s'élève en amphithéâtre dans un golfe qui occupe le centre de la côte algérienne; elle fait face à Marseille, dont elle n'est séparée que par quarante heures de traversée.

HISTOIRE. — Alger a été bâti sur l'emplacement d'une cité romaine, désignée sous le nom d'*Icosium*, qui fut ruinée par les Vandales et réédifiée par les Arabes, vers la fin du x⁵ siècle, époque où elle reçut le nom d'*El-Djezair* dont nous avons fait *Alger*.

POPULATION. — La ville actuelle renferme 46,168 habitants, sans compter la population de ses annexes : *Bab-el-oued*, 2,460 hab.; — *Bouzaréah*, 1,758 ; — *Pointe-Pescade*, 603; — *Saint-Eugène*, 850 ; — *El-Biar*, 1,491 ; — *Mustapha*, 3,195; — *l'Agha*, 1,790.

ADMINISTRATION. — Alger, chef-lieu du département et de la division militaire; résidence du gouverneur général ; siége d'une cour impériale et d'un évêché ; station navale commandée par un contre-amiral, est en quelque sorte la capitale de l'Algérie.

MONUMENTS. — Les monuments les plus remarquables d'Alger, sont : La *Casbah*, où résidaient les derniers deys, qui l'avaient fait construire pour tenir la ville en respect, et résister aux émeutes des janissaires. Cette citadelle a été transformée en caserne et n'offre plus aucune trace de son affectation primitive. On y chercherait en vain le célèbre *salon des miroirs*, où quatre-vingts pendules sonnaient midi pendant une heure, le kiosque où Hussein-Dey insulta notre consul ; et tous les appartements luxueux où logeaient les femmes du pacha. — 2° Le *Palais du Gouverneur Général*, ancienne et belle maison mauresque , restaurée avec goût, à laquelle néanmoins on a su conserver son cachet oriental. Les colonnes de marbre blanc à chapiteaux peints et dorés qui soutiennent le péristyle intérieur, et les piliers de la salle à manger sont d'une grande beauté ; une étuve mauresque, toute revêtue de marbre de Carrare, et dont le dôme en dentelle de pierre, soutenu par des colonnettes d'albâtre, laisse filtrer le jour au travers des vitraux azurés, se trouve dans un des détours de cette vaste demeure pleine de reduits mystérieux , habilement ménagés. Les plafonds des appartements, sculptés en bois, sont richement coloriés et rehaussés de dorures. — 3° La *Grande Mosquée* (Djemâ-Kebir), dont la fondation remonte au xi° siècle. Bel édifice carré, précédé d'une galerie en marbre, qui longe l'un des côtés de la rue de la Marine. — 4° La *Mosquée nouvelle* (Djemâ-Djedid), bâtie en forme de croix grecque. On raconte que l'esclave qui dirigeait les travaux, fut brûlé vif, pour s'être permis de donner à une mosquée la forme d'une église.

Un assez grand nombre d'édifices ont été construits à Alger depuis la conquête. On y remarque une jolie synagogue et un fort beau théâtre. On peut citer également parmi les œuvres d'art qui décorent la ville deux statues ; l'une érigée en l'honneur du duc d'Orléans, l'autre consacrée à la mémoire du maréchal Bugeaud, dont le souvenir est cher aux Algériens. Les noms de deux autres généraux, non moins aimés, ont été inscrits sur le livre d'or de la reconnaissance publique : le passage *Malakoff* et la place *Randon* rappellent les services rendus à la colonie par ces éminents capitaines, qui, après avoir largement contribué à la conquête et à la pacification de l'Algérie, n'ont point cessé de porter un vif intérêt à ses destinées.

COMMERCE. — Les principaux éléments du commerce d'Alger consistent dans l'importation des tissus, des vins, de la houille et des bois, et dans l'exportation des céréales en grains ou en farine, des tabacs, des huiles, des légumes, des bêtes à laine et des peaux brutes.

INDUSTRIE. — L'industrie européenne comprend les minoteries, fonderies, mécaniques, fabriques de tabac, brasseries, carrosseries. — L'industrie indigène se renferme dans la confection de broderies sur cuir, en or et en argent, pour selles arabes, portefeuilles, bourses, porte-monnaie, pantoufles.

Aumale.

SITUATION. — *Aumale*, chef-lieu de commissariat civil

et de subdivision militaire, est situé à 128 kilomètres d'Alger, entre Médéah et Setif, sur les bords d'un escarpement qui domine l'Oued-Lekahal.

HISTOIRE. — Les Romains avaient sur ce point une station désignée sous le nom d'*Auzia*. Les Turcs y construisirent plus tard un fort nommé Sour-Ghozlan. — Aumale a été fondé, en 1846, sur les ruines de ces deux établissements.

POPULATION. — Aumale . 2,875 habitants ; annexes : *Bir-Rabalou*, 293 ; — *les Trembles*, 1,894 ; — *Guelt-Zerga*, *Bir-Djaich*, *Aïn-Tasta* et *Aioun-Sebas*, 134.

AGRICULTURE.— Céréales.— Vignes.

Dellys.

SITUATION.— *Dellys*, chef-lieu de commissariat civil et de subdivision militaire, est une petite ville maritime située sur la côte de l'Algérie, entre Alger et Bougie.

HISTOIRE. — *Dellys*, en arabe *Delles* ou *Tedelles*, qui existait déjà en l'an 1088, avait été bâtie par les Arabes sur les ruines de *Rusuccurus*, ancienne et importante cité romaine. Cette ville a fait sa soumission, le 7 mai 1844, à la suite d'une expédition conduite par le général Bugeaud.

POPULATION. — Dellys, 3,552 habitants ; annexes : *Ben-N'choud*, 98 ; — *Beni-Tour*, 4,087 ; — *Taourga*, 2,747.

AGRICULTURE. — Céréales. — Sorgho. — Vignes.— Oliviers.

Ténès.

SITUATION.— *Ténès*, chef-lieu de commissariat civil

et de cercle militaire, est situé sur le littoral, entre Cherchel et Mostaganem.

HISTOIRE. — La ville de Ténès a été construite en 1843, sur l'emplacement de *Cartenna*, cité romaine d'origine phénicienne.

POPULATION — Ténès, 5,759 habitants ; annexes : *Vieux-Ténès*, 886 ; — *Montenotte*, 319.

COMMERCE. — Placé à l'entrée du col par lequel la vallée du Chéliff communique à la mer, Ténès est l'entrepôt naturel d'Orléansville et de Tiaret, deux marchés très-importants.

Arbah.

SITUATION — L'*Arbah*, chef-lieu de commune, est situé dans la plaine de la Mitidja, à la jonction des routes du Foudouk et d'Aumale, à 22 kilomètres d'Alger.

HISTOIRE. — Le village de l'Arbah, créé le 5 janvier 1849, doit son nom à un marché hebdomadaire qui se tient sur ce point tous les mercredis, soit, en arabe, le quatrième jour : *Nehar-el-Arba'a*.

POPULATION. — Arbah, 1,960 habitants ; annexes : *Rivet*, 168 ; — *Rovigo*, 1,337; — *Lidi-Moussa*, 1,246.

AGRICULTURE. — Céréales.— Tabac. — Orangeries.

COMMERCE.— Marché arabe très-fréquenté.

Birkhadem.

SITUATION.— *Birkhadem*, chef-lieu de commune, est situé à 10 kilomètres d'Alger, dans un vallon du Sahel.

HISTOIRE. — Ce village s'est formé naturellement

autour du camp qui avait été créé au commencement de l'occupation, près de la fontaine ou du puits dit de la Négresse (*Bir-Khadem*).

POPULATION.— Birkhadem, 1,212 habitans; annexes: Saoula, 639; — *Birmandreis*, 1,019.

AGRICULTURE.— Vignes.— Arbres fruitiers.— Cultures maraîchères.

Chéragas.

SITUATION. — *Chéragas*, chef-lieu de commune, est situé à l'entrée de la plaine de Staouéli, à 14 kilomètres d'Alger.

HISTOIRE.— Le territoire sur lequel Chéragas a été construit était occupé par une tribu qui émigra en 1840. Deux ans après, des colons s'y établissaient et formaient un hameau, qui a été constitué en commune le 31 décembre 1856.

POPULATION.—Chéragas, 1,048 habitants; annexes: *Guyot-ville*, 165; — *Baïnen*, 153; — *Sidi-Ferruch*, 86; *Staouéli*, 299.

AGRICULTURE.— Le village de Chéragas est composé en grande partie de cultivateurs du département du Var, et principalement de la ville de Grasse (aujourd'hui dans les Alpes-Maritimes), qui y ont apporté, sous la direction de M. Mercurin, la culture des plantes odoriférantes. — Non loin de Chéragas, et près de Staouéli, les Trappistes ont défriché une grande étendue de terre et ont construit un couvent de leur ordre.

Dély-Ibrahim.

SITUATION. — *Dély-Ibrahim*, chef-lieu de commune.

est situé à 11 kilomètres d'Alger, sur la route de Blidah.

HISTOIRE. — Ce village a été fondé en 1832 par des colons alsaciens.

POPULATION. — Dély-Ibrahim, 661 habitants; annexes : *El-Achour*, 197; — *Drariah*, 263; — *Kaddous*, 611; — *Ouled-Fayet*, 268.

AGRICULTURE. — Céréales. — Tabacs. — Prairies. — Vignes.

Douéra.

SITUATION. — *Douéra,* chef-lieu de commune, est situé à 23 kilomètres d'Alger, entre Dély-Ibrahim et Blidah.

HISTOIRE. — Ce village a été fondé en 1846 sur l'emplacement d'un camp qui avait été établi pour surveiller la plaine de la Mitidja.

POPULATION. — Douéra, 1,541 habitants; annexes : *Birtouta,* 90; — *Ouled-Mendil,* 398; — *Quatre-Chemins,* 8; — *Saint-Jules,* 33; — *Baba-Hassen,* 302; — *Crescia,* 509; — *Mahelma,* 711; — *Sainte-Amélie,* 488; — *Ben-Chaban,* 220; — *Saint-Ferdinand,* 310

AGRICULTURE. — Vastes pâturages. — Belles cultures.

Fondouk.

SITUATION. — Le *Fondouk* est situé sur la rive gauche de Khamis, à 30 kilomètres d'Alger.

HISTOIRE. — Ce village, créé en 1842, a reçu le nom d'un marché arabe qui se tenait sur son emplacement. (*Fondouk* signifie : halle couverte).

POPULATION. — Fondouk, 3,760 habitants ; annexes : Hamédi, 67; — Saint-Pierre, 40 ;— Saint-Paul, 43; — Reghaïa, 592 ; — l'Alma, 966 ; — Oued-Corso, 454.

AGRICULTURE.— Céréales. — Tabacs.

Kouba.

SITUATION.— Kouba, chef-lieu de commune, est situé sur une hauteur du Sahel, à 9 kilomètres d'Alger.

HISTOIRE. — Ce village a été fondé en 1833 par le duc de Rovigo.

POPULATION. — Kouba, 1,491 habitants ; annexes : Hussein-Dey, 1,530.

AGRICULTURE. — Vignes.— Mûriers.— Oliviers.

INDUSTRIE. — Briqueteries. — Moulins à farine. — Filature de soie.

Rassauta.

SITUATION. — La Rassauta est située à 18 kilomètres d'Alger, sur un coteau qui incline vers la Mitidja, et au pied duquel coule le Khamis.

HISTOIRE. — Ancien haras des Turcs, concédé en 1836 à un prince polonais qui n'y fit rien d'important, le territoire de la Rassauta reçut d'abord un village indigène (1846), et plus tard des colons Européens (1851).

POPULATION. — Rassauta, 997 habitants, dont 849 indigènes ; annexes : Fort-de-l'Eau. 559 ; — Maison-Carrée, 1,659 ; — Maison-Blanche, 239 ; — Rouïba, 920 ; — Matifoux, 360 ; — Aïn-Taya, 701 ; — Aïn-Beïda, 56.

AGRICULTURE.— Terre extrêmement fertile.

ARRONDISSEMENT DE BLIDAH.

Cet arrondissement comprend deux districts : *Cherchel* et *Marengo* ; trois communes : *Bouffarick*, *Koléah* et *Mouzaïa-ville*, et 34 annexes ou sections de communes.

Blidah.

SITUATION. — *Blidah*, chef-lieu de sous-préfecture et de subdivision militaire, est situé à l'extrêmité *sud* de la plaine de la Mitidja, à 48 kilomètres d'Alger, sur la route de Médéah.

HISTOIRE. — L'origine de Blidah ne paraît pas remonter à l'époque romaine. Aucune ruine du moins ne le laisse supposer. Cette ville, très-peuplée du temps des Turcs, fut détruite en grande partie par le tremblement de terre de 1825. Elle commençait à se repeupler en 1830, lorsque le maréchal de Bourmont essaya de s'en emparer. — Attaquée de nouveau, vers la fin de 1830, par le maréchal Clauzel, prise et évacuée ensuite par le duc de Rovigo et par le maréchal Valée, en 1834 et 1838, elle ne fut occupée définitivement qu'à partir de 1839.

POPULATION. — Blidah, 6,912 habitants ; banlieue : 2,682 ; — annexes : *Joinville*, 619 ; — *Montpensier*, 217 ; — *Dalmatie*, 624 ; — *Béni-Méred*, 509 ; — *Oued-el-Aleug*, 2,063.

AGRICULTURE. — Orangeries renommées occupant une superficie de 110 hectares, et comprenant plus de 35,000 pieds d'orangers ou de citronniers.

COMMERCE. — Blidah qui vient d'être relié à Alger par un chemin de fer, et qui reçoit les produits de l'intérieur par Médéah, tend à devenir un centre de commerce très-important.

Cherchell.

SITUATION. — *Cherchell*, chef-lieu de commissariat civil, est situé sur le littoral, à 56 kilomètres *ouest* d'Alger, et à 56 kilomètres *est* de Ténès,

HISTOIRE. — Cherchell est l'ancienne *Julia-Cœsarea* des Romains. Détruite par les Barbares, relevée par Théodose, puis ruinée par les Vandales, elle reprit quelque importance sous les Grecs Byzantins. — En 1492, après la chute de Grenade, elle fut repeuplée par les Maures andalous. — Cherchell nous appartient depuis 1840.

POPULATION. — Cherchell, 3,266 habitants, dont 2,134 indigènes ; annexes : *Zurich*, 186 ; — *Novi*, 300 ; — Les *Chenoua*, 2,134.

COMMERCE. — Cherchell est le marché maritime d'une partie de la Mitidja et de la vallée du haut Chélif, et l'entrepôt de Milianah et de Teniet-el-Hâd.

Marengo.

SITUATION. — *Marengo*, chef-lieu de commissariat civil, est situé dans la plaine de la Mitidja, à 38 kilomètres de Blidah et à 23 kilomètres de Cherchell.

HISTOIRE. — Ce village a été fondé en 1848, par des ouvriers parisiens.

POPULALION. — Marengo, 1,409 habitants : annexes; *Bourkika*, 834 ; — *Ameur-el-Aïn*, 922 ; — *Chalerbach*, 166 ; — *Tipaza*, 436.

AGRICULTURE. — Riches cultures. — Céréales. — Tabacs. — Prairies.

Bouffarik.

SITUATION. — *Bouffarik*, chef-lieu de commissariat civil, est situé au centre de la Mitidja, entre Alger et Blidah, à 14 kilomètres *nord* de cette dernière ville.

HISTOIRE. — Cette petite ville s'est formée en 1836 sous la protection du camp d'Erlon, qui a été supprimé dans la suite, et sur l'emplacement duquel s'élève aujourd'hui une belle pépinière dépendant de l'Orphelinat agricole de Ben-Aknoun.

POPULATION. — Bouffarik, 5,108 habitants ; annexes : *Soumah*, 1,471 ; — *Bouïnan*, 686 ; — *Chebli*, 1,463 ; — *Birtouta*, 547 ; — *Quatre-chemins*, 378.

AGRICULTURE. — Sol d'une fertilité rare. Céréales. — Tabacs. — Vignes. — Oliviers, — Mûriers. — Orangers.

COMMERCE. — Marché tous les lundis. — Grand commerce de bestiaux.

Koléah.

SITUATION. — *Koléah*, chef-lieu de commnne, est situé sur un coteau du Sahel, en face de Blidah et à 15 kilomètres d'Alger.

HISTOIRE. — Cette petite ville bâtie en 1550, sous le pachalik d'Hassen-ben-Kheireddin, avait acquis un assez grand développement lorsque le tremblement de terre de 1825 la détruisit. Elle s'était cependant repeuplée ; et les Hadjoutes, qui l'occupaient, nous en disputèrent la possession pendant plusieurs années ; ce ne fut qu'en 1838 qu'elle fit sa soumission.

POPULATION. — Koléah, 2,886 habitants; annexes :
Fouka, 389 ; — *Daouaouda*, 332 ; — *Zéralda*, 238; —
Castiglione, 372 ; — *Tesschoun*, 231 ; — *Saïghr*, 74 ; —
Chaïba, 136 ; — *Messaoud*, 54 ; — *Berbessa*, 73;— *Zoudj-*
el-Abbès, 68.

AGRICULTURE. — Céréales. — Vignes. — Orangers.
— Citronniers.

Mouzaïa-ville.

SITUATION. — *Mouzaïa-ville*, chef-lieu de commune,
est située sur la route de Blidah à Cherchell, à 5 kilomètres de la rive gauche de la Chiffa.

HISTOIRE. — Ce village a été fondé en 1846, sur
l'emplacement d'une ancienne station romaine, nom-
mée *Tanara-musa-Castra*.

POPULATION. — Mouzaïa-ville, 886 habitants ; annexes : *El-Afroun*, 300 ; — *Bou-Roumi*, 72; — *La Chiffa*,
368; — *Bérard*, 89; — *Les Mouzaïas*, 2,500; — *Les Had-*
joutes, 2,767.

AGRICULTURE. — Terres fertiles arrosées par l'Oued-
Haad et l'Oued-Chamli. — Jardins. — Vergers. — Céréales.

ARRONDISSEMENT DE MÉDÉAH.

Cet arrondissement ne comprend qu'une commune
et six annexes ou sections de communes.

Médéah.

SITUATION. — *Médéah*, chef-lieu de sous-préfecture et de subdivision militaire, est situé entre Blidah et Milianah.

HISTOIRE. — Cette petite ville bâtie sur les ruines d'une station romaine, devint, sous les Turcs, la capitale d'une province, celle de Tittery. Elle a été conquise et définitivement occupée en 1840

POPULATION. — Médéah , 8,533 habitants ; annexes : *Damiette*, 344 ; — *Lodi*, 358 ; — *Mouzaïa-les-Mines*, 21 ; — *Tribu des Mouzaïas*, 1,216 ; — *Hassen-ben-Ali*, 22.

AGRICULTURE. — Céréales. — Vignes. — Arbres fruitiers.

ARRONDISSEMENT DE MILIANAH.

—

Cet arrondissement comprend un district, une commune et 12 annexes ou sections de communes.

Milianah.

SITUATION. — *Milianah*, chef-lieu de sous-préfecture et de subdivision militaire, est situé sur la route d'Alger à Orléansville, à 118 kilomètres d'Alger et à 70 kilomètres de Blidah.

HISTOIRE. — Ancienne colonie romaine, ruinée pendant les invasions du v⁰ siècle, *Milianah* fut reconstruite par les Arabes en même temps qu'Alger et

Médeah. Elle appartint aux rois de Tlemcen, puis aux Turcs et fut ensuite revendiquée par l'empereur du Maroc (1830), possédée par Abd-el-Kader (1837), et enfin conquise par la France en 1840.

POPULATION. — Milianah, 2,967 habitants; banlieue, 2,859; annexes : *Aïn-Sultan*, 928 ; — *Lavarande*, 749 ; — *Affreville*, 696.

AGRICULTURE. — Céréales. — Vignes. — Fruits de toutes sortes et de qualités supérieures.

Orléansville.

SITUATION. — *Orléansville*, chef-lieu de commissariat civil et de subdivision militaire, est situé à 53 kilomètres de Ténès, sur la rive gauche du Chélif.

HISTOIRE. — Cette ville a été fondée par le maréchal Bugeaud en 1843, sur l'emplacement de l'ancienne *Sisga-colonia* des Romains.

POPULATION. — Orléansville, 1,375 habitants; annexes : *La Ferme*, 338 ; — *Pontéba*, 138.

COMMERCE. — Un grand marché, qui se tient tous les dimanches sous les murs de la ville, réunit 5,000 indigènes, qui amènent des chevaux, des bestiaux, et apportent des denrées de l'Ouaransénis, et du sel venant du sud; l'apport de chaque marché peut être évalué à 200,000 francs.

TERRITOIRE MILITAIRE.

Le général de division, commandant la province d'Alger, administre directement le territoire militaire de cette province. Il réside à Blidah, qui est le chef-lieu de la division.

La division militaire de Blidah comprend six subdivisions : *Blidah*, *Dellys*, *Aumale*, *Médéah*, *Milianah* et *Orléansville* (1), qui forment autant de circonscriptions territoriales et administratives.

SUBDIVISION DE BLIDAH.

Chaque subdivision militaire embrasse un ou plusieurs cercles. On appelle *cercle*, la réunion de divers commandements arabes.

La subdivision de Blidah ne renferme qu'un cercle, qui est formé : du khalifalik des *Hadjoutes*, composé lui-même de six kaïdats et de 50 tribus (2) ; de trois kaïdats administrés par le bureau arabe : les *Beni-Khetel*, les *Souhalia* et les *Beni-Misra*, comprenant 21 tribus ; du Bach-Aghalik (3) des *Beni-Seliman*, 8 tribus ; et de l'Aghalik (4) des *Beni-Seliman*, 59 tribus.

(1) Ces villes et la plupart des autres villes de quelque importance qui seront désignées ci-après, ont déjà fait l'objet d'une notice historique dans la partie de cet ouvrage consacrée à la description du territoire civil. La même observation s'applique aux autres provinces.

(2) Le *khalifalik* est une réunion de plusieurs kaïdats ; le *kaïdat*, une réunion de plusieurs tribus ; la *tribu*, une réunion de plusieurs tentes, et la *tente*, une réunion de plusieurs familles.

(3) Le *bach-aghalik* est un commandement moins important que le khalifalik.

(4) L'*aghalik* est un commandement intermédiaire entre le bach-aghalik et le kaïdat.

SUBDIVISION DE DELLYS.

Cette subdivision embrasse quatre cercles : *Dellys*, *Tizi-Ouzou*, *Dra-el-Mizan* et *Fort-Napoléon*, qui occupent la presque totalité de la Grande Kabylie, conquise définitivement, en 1857, par le maréchal Randon.

1° **Cercle de Dellys.** — Ce cercle est formé de l'aghalik des *Flissa* et du kaïdat des *Khachna*, comprenant ensemble 18 tribus.

2° **Cercle de Tizi-Ouzou**. — *Tizi-Ouzou*, situé en pleine Kabylie, à 160 kilomètres d'Alger, est un petit centre de population composé de 286 Européens, qui s'est formé sous la protection dufort *El-Bordj*, non loin d'un village kabyle.

Ce cercle renferme le bach-agalik de *Sebaou*, l'aghalik des *Amraoua* et le kaïdat du *Haut-Sebaou*, comprenant ensemble 82 tribus.

3° **Cercle de Dra-el-Mizan.** — *Dra-el-Mizan*, situé à l'entrée de la Kabylie et à 42 kilomètres de Dellys, est un poste militaire autour duquel se sont groupées quelques habitations. Population : 256 Européens, 75 indigènes.

Ce cercle renferme les confédérations des *Guechtoula*, des *Beni-Sedka* et des *Zouaoua*, comprenant ensemble 102 tribus.

4° **Cercle de Fort-Napoléon.** — *Fort-Napoléon* est une place de guerre importante, construite après la conquête de la Kabylie. Elle est située sur le plateau central des *Beni-Raten*. L'enceinte du fort, flanquée de 17 bastions, offre un développement de 2,000 mètres.

La ville civile s'élève au milieu de cette enceinte. Population : 150 habitants.

Le cercle de Fort-Napoléon renferme six confédérations kabyles : les *Beni-Raten*, *Beni-Menguellat*, *Beni-Yahia*, *Beni-Bou-Youssef*, *Beni-Ittourac* et les *Beni-Illiten* (1), comprenant ensemble 91 tribus.

SUBDIVISION D'AUMALE.

Cette subdivision ne forme qu'un cercle, qui se compose du bach-aghalik de l'*Oued-Sahel*, de l'aghalik des *Arib*, et du kaïdat des *Beni-Mançour*, comprenant ensemble 80 tribus.

SUBDIVISION DE MÉDÉAH.

Cette subdivision embrasse trois cercles : *Médéah*, *Boghar* et *Laghouat*.

1° **Cercle de Médéah.** — Ce cercle ne se compose que du bach-aghalik *du Sud*, comprenant 12 tribus.

2° **Cercle de Boghar.** — *Boghar* est une petite ville située à 80 kilomètres de Médéah, sur la route de Laghouat. Sa population est de 370 habitants.

Ce cercle renferme les aghaliks de *Boghar*, des *Oulad-Mokhtar*, des *Bou-Iaïch* et des *Oulad-Chaïb*, comprenant ensemble 18 tribus.

3° **Cercle de Laghouat**. — *Laghouat*, ville forte située à 396 kilomètres *sud* de Médéah, sur les bords du désert, rappelle un beau fait d'armes du général Pélissier, qui la prit d'assaut le 9 décembre 1852, et

(1) Les mots *Beni* et *Oulad*, qui précèdent fréquemment les noms des tribus et des kaïdats, signifient : *fils* ou *enfants*.

qui reçut à cette oécasion la lettre suivante de l'Empereur :

« Mon cher Général,

« C'est avec bonheur que j'ai appris le beau fait « d'armes qui a été exécuté sous votre habile direc-« tion. Je n'en attendais pas moins d'un aussi bon « général et d'une aussi bonne armée. »

La ville de Laghouet est entourée de magnifiques jardins. Population : 2,282 indigènes et 198 européens.

Ce Cercle comprend 34 tribus qui forment le Bach-aghalik des *Oulad-Nayl.*

SUBDIVISION DE MILIANAH.

Cette subdivision embrasse trois cercles : *Milianah, Cherchell* et *Téniet-el-Haad.*

1° **Cercle de Milianah.** — Ce cercle comprend 41 tribus, dont 18 sont administrées directement par le bureau arabe, et 23, formant l'aghalik des *Djendel,* sont placées sous l'autorité d'un agha.

2° **Cercle de Cherchell.** — Ce cercle comprend 10 tribus formant l'aghalik de *Zatyma.*

3° **Cercle de Téniet-el-Haad.** — *Ténied-el-Haad* est un petit village situé à 92 kilomètres de Milianah, remarquable par la belle forêt de cèdres d'une étendue de 3,000 hectares qui l'environne, et par une source ferrugineuse dont les eaux ont une parfaite analogie avec celles de Spa. — Population : 293 européens et 112 indigènes.

Ce cercle renferme 19 tribus, dont 8 sont administrées par le bureau arabe, et 11 forment le bach-aghalik du *Guebla.*

SUBDIVISION D'ORLÉANSVILLE.

Cette subdivision embrasse deux cercles : *Orléans-ville* et *Ténès*.

1° **Cercle d'Orléansville.** — Ce cercle comprend 24 tribus, dont 7 forment l'aghalik d'*El-Esnam* , 8 l'aghalik de l'*Ouarensenis*, et 9 l'aghalik des *Sbeha*.

2° **Cercle de Ténès.** — Ce cercle embrasse 11 tribus, dont 7 forment le kaïdat des *Beni-Mema*, et 4 celui des *Beni-Hidja*.

PROVINCE ET DÉPARTEMENT D'ORAN.

—

PROVINCE.

La province d'Oran est limitée : au *nord*, par la mer ; à l'*est*, par la province d'Alger ; au *sud*, par le désert ; et à l'*ouest*, par l'empire du Maroc.

Sous la domination romaine, le territoire compris aujourd'hui dans la province d'Oran, faisait partie de la *Mauritanie Césarienne*.

Cette partie de la *Mauritanie Césarienne* renfermait un grand nombre de villes dont plusieurs n'existent plus. Les plus remarquables étaient, de l'ouest à l'est, sur le littoral :

Siga, située à l'embouchure de la Tafna, en face de l'île d'Acra (Rachgoun). On en voit les ruines non loin

du camp que les Français établirent sur ce point, en
1836.

Quiza Xenitana.

Peregrinorum Oppidum.

Portus-Magnus (Mers-el-Kébir).

Arsenaria (Arzew).

Cartenna (Ténès).

Et dans l'intérieur des terres :

Oppidum novum, situé non loin du pont du Chéliff, à
trente milles au-dessus du confluent de l'Oued-el-
Fodda, là où sont actuellement les ruines de la ville
arabe El-Kadra.

Suffasar, situé dans la vallée du Chéliff, près des
ruines d'Amoura.

Tigada, située sur la rive gauche du Chéliff, et dont
les ruines se voient encore dans la localité appelée
par les Arabes *Hammam-Temoulga.*

Aquæ-Calidæ, située entre Milianah et Cherchell,
dans un lieu appelé *Hammam-Midja,* près duquel on
remarque les ruines de cette colonie romaine.

Malliana, aujourd'hui Milianah (province d'Alger).

Pomaria (Tlemcen).

Timici-colonia (Aïn-Temouchent).

A l'époque sarrasine, toute la partie de la Mauritanie
Césarienne, dont il vient d'être parlé, forma un royaume arabe, désigné sous le nom de royaume de Tlemcen. — Plus tard, lorsque la milice turque domina en
Algérie, ce royaume fut réduit en un gouvernement
qui eut pour chef-lieu Oran, où résidait le bey ou un
lieutenant du dey d'Alger.

La province d'Oran occupe aujourd'hui une superficie de 102,000 kilomètres carrés, et sa population est
de 690,000 habitants ; dont 628,000 indigènes et 62,000
Européens.

Cette province est divisée , comme les deux autres.
en deux territoires : *territoire civil* et *territoire militaire*.

Le territoire civil, administré par un préfet , forme
le *département d'Oran*, et comprend quatre arrondissements : *Oran, Mascara, Mostaganem* et *Tlemcen*.

Le territoire militaire, administré par un général,
forme la *division d'Oran*, et comprend cinq subdivisions : *Oran, Mostaganem, Sidi-bel-Abbès, Mascara* et
Tlemcen.

DÉPARTEMENT.

Le département d'Oran, avons-nous dit, comprend
quatre arrondissements : *Oran , Mascara , Mostaganem*
et *Tlemcen*. Chacun de ces arrondissements se subdivise en districts, en communes et en sections de
communes.

ARRONDISSEMENT D'ORAN.

—

Cet arrondissement est administré directement par
le préfet, il forme trois districts : *Aïn-Temouchent ,
Saint-Denis-du-Sig* et *Sidi-bel-Abbès* ; huit communes :
*Arzew, Fleurus, Misserghin, Sainte-Barbe-du-Tlélat, Sidi-
Chami, Saint-Cloud, Saint-Louis, Valmy* ; et 28 sections
de communes.

Oran.

SITUATION. — *Oran*, chef-lieu de préfecture et de division, est situé au fond d'une baie qui porte son nom.

HISTOIRE. — L'origine d'Oran remonte à la plus haute antiquité. Cette ville fut habitée par les Romains sous le nom de *Quiza Xenilana*. Elle appartint ensuite et successivement aux Vandales, aux Barbares, aux Arabes et aux Turcs. En 1505, elle fut conquise par les Espagnols, qui y demeurèrent jusqu'en 1708, époque où les Turcs s'en emparèrent. Elle fut reprise, en 1732, par le comte de Montemar, grand d'Espagne, au service de Philippe V. — En 1790, un tremblement de terre qui détruisit presque entièrement la ville, décida les Espagnols à l'abandonner, et les Turcs y rentrèrent. Enfin, le 3 janvier 1831, elle fut conquise par nos troupes, sous le commandement du général Damrémont.

POPULATION. — Oran, 17,370 habitants, dont 7,610 Espagnols et 3,898 indigènes; *Faubourg-Karguentah*, 6,314; — *Quartier-rural*, 1.004; — *Village des Nègres*, 2,639; — *Aïn-el-Turk*, 318; — *Bou-Sfer*, 724; — *Mers-el-Kébir*, 1,608; — *La Sénia*, 652. — Ensemble 30,529 habitants.

MONUMENTS. — Le Château-neuf, résidence du général de division : l'Hôtel de la Préfecture; l'Eglise et la grande Mosquée.

AGRICULTURE. — Grandes fermes parfaitement exploitées, où l'on cultive avec succès les céréales, la vigne, le tabac, le coton.

COMMERCE. — A l'exception du territoire dépendant de Mostaganem, toute la province envoie ses produits à Oran : grains, farines, pâtes alimentaires, laines, cuirs et peaux ; tabacs en feuille, coton, sparterie, garance, sumac, kermès. Ce mouvement commercial est facilité par l'éventail de routes qui, d'Oran, rayonne vers Mostaganem, Mascara, Sidi-bel-Abbès et Tlemcen. Il s'accroîtra encore davantage lorsque le chemin de fer d'Alger à Oran, qui vient d'être concédé à la Compagnie de Paris-Lyon à la Méditerranée, aura été construit.

Aïn-Temouchent.

SITUATION. — *Aïn-Temouchent*, chef-lieu de commissariat civil, est situé à 70 kilomètres d'Oran, sur la route de Tlemcen.

HISTOIRE. — Ce village a été bâti en 1851, sur les ruines d'une ville romaine, appelée *Timici-Colonia*.

POPULATION. — Aïn-Temouchent, 1,348 habitants ; annexes : *Aïn-el-Arba*, 246 ; — *Aïn-Khial*, 245 ; — *Er-Rahel*, 21 ; — *La Mléta*, 9 ; — *Rio-Salado*, 141.

AGRICULTURE. — Céréales. — Elevage de bestiaux.

Saint-Denis-du-Sig.

SITUATION. — *Saint-Denis-du-Sig*, chef-lieu de commissariat civil, est situé à 52 kilomètres d'Oran, sur la route de Mascara.

HISTOIRE. — Cette petite ville a été fondée en 1845, sur l'emplacement d'un camp qui avait été établi pendant les premières années de l'occupation d'Oran.

POPULATION. — 3,963 habitants.

AGRICULTURE. — Territoire d'une fertilité exceptionnelle. — Céréales. — Colza. — Tabacs. — Vignes. Coton.

COMMERCE. — Marché très-important.

Sidi-Bel-Abbès.

SITUATION. — *Sidi-bel-Abbès,* chef-lieu de commissariat civil et de subdivision militaire , est situé entre Tlemcen et Mascara, à 82 kilomètres d'Oran.

HISTOIRE. — Cette ville a été fondée en 1849, sur l'emplacement d'un camp.

POPULATION. — Sidi-bel-Abbès, 5,584 habitants ; annexes : *Sidi-Brahim,* 202 ; — *Sidi-Lhassen,* 573.

AGRICULTURE. — Sol fertile. — Tabacs. — Mûriers. — Belles plantations d'arbres fruitiers.

Arzew.

SITUATION. — *Arzew,* chef-lieu de commune, est situé sur le littoral algérien, entre Oran et Mostaganem.

HISTOIRE. — Ce petit village, construit par les Arabes sur les ruines de l'*Arsenaria* des Romains, fut pris par le général Desmichels, en 1833 ; replacé sous l'autaurité arabe en 1834, et enfin cédé à la France par le traité de la Tafna, 30 mai 1837.

POPULATION. — Arzew, 1,033 habitants ; annexes : *Betioua,* 639 ; — *Damesme,* 98 ; — *Hamianes-Gharabas,* et *Hamianes-Cheragas,* 1.376 ; — *Saint-Leu,* 191.

COMMERCE. — Le port d'Arzew a de l'avenir, mais il est aujourd'hui sans importance commerciale.

Fleurus.

SITUATION. — *Fleurus*, chef-lieu de commune, est situé à 20 kilométres d'Oran, sur la route de Mostaganem.

HISTOIRE. — Ce village a été fondé en 1818 et peuplé par les ouvriers parisiens.

POPULATION. — Fleurus, 257 habitants; annexes : *Assi-Ameur*, 153 ; — *Assi-ben-Ockba*, 240 ; — *Assi-bou-Nif*, 214.

AGRICULTURE. — Cultures variées.

Misserghin.

SITUATION. — *Misserghin*, chef-lieu de commune, est situé à 15 kilomères d'Oran, sur la route de Tlemcen.

HISTOIRE. — Ce village et tous ceux qui suivent : *Sainte-Barbe, Sidi-Chami, Arcole, Saint-Cloud, Kléber, Méfessour, Ste-Léonie, Saint-Louis, Valmy*, ont été créés de 1845 à 1848, par M. Mercier-Lacombe, directeur des affaires civiles de la province d'Oran. Ils ont tous prospéré, Misserghin et Saint-Cloud, notamment, se sont développés de la manière la plus heureuse.

POPULATION. — Misserghin, 1,440 habitants; annexe : *Bou-Tlélis*, 807.

AGRICULTURE. — Céréales. — Tabacs. — Arbres à fruits. — Vignes. — Bétail nombreux.

Sainte-Barbe-du-Tlélat.

SITUATION. — *Sainte-Barbe-du-Tlélat*, chef-lieu de commune, est située à l'extrêmité de la plaine du Tlélat, à 28 kilomètres d'Oran, sur la route de Saint-Denis-du-Sig.

HISTOIRE. — Ce village a été créé le 4 décembre 1846.

POPULATION. — 432 habitants.

AGRICULTURE. — Prairies naturelles. — Tabacs. — Vignes. — Mûriers. — Oliviers.

Sidi-Chami.

SITUATION. — *Sidi-Chami,* chef-lieu de commune, est situé à 13 kilomètres d'Oran, sur la route de Sidi-bel-Abbès.

HISTOIRE. — Ce village a été fondé le 16 décembre 1845.

POPULATION. — Sidi-Chami, 555 habitants; annexe : *Arcole,* 189.

AGRICULTURE. — Céréales. — Coton. — Garance. — Vignes. — Mûriers.

Saint-Cloud.

SITUATION. — *Saint-Cloud*, chef-lieu de commune, est situé à 28 kilomètres d'Oran, sur la route de Mostaganem.

HISTOIRE. — Ce village a été fondé le 4 décembre 1846.

POPULATION. — Saint-Cloud, 1,420 habitants; annexes : *Kléber,* 196; — *Méfessour*, 229; — *Sainte-Léonie,* 245.

AGRICULTURE. — Cultures maraîchères. — Belles plantations d'essences diverses.

Saint-Louis.

SITUATION. — *Saint-Louis,* chef-lieu de commune,

est situé à 24 kilomètres d'Oran , non loin du lac salé d'Arzew.

HISTOIRE. — Ce village , fondé en 1848 , a été constitué en commuue le 31 décembre 1856.

POPULATION. — Saint-Louis, 322 habitants; annexe : *Assi-ben-Féréah*, 148.

AGRICULTURE. — Céréales. — Pommes de terre. — Maïs. — Fèves.

Valmy.

SITUATION. — *Valmy,* chef-lieu de commune, est situé à 14 kilomètres d'Oran , sur la route de Mascara.

HISTOIRE. — Ce village fut créé le 14 février 1848, sur l'emplacement d'un ancien camp qui servait d'avant-poste. Le général Trézel y conclut , en 1835 , un traité qui rattacha définitivement les goums à la cause française.

POPULATION. — Valmy , 634 habitants ; annexe : *Mangin,* 136.

AGRICULTURE. — Céréales. — Tabacs. — Vignes.— Mûriers. — Oliviers. — Arbres fruitiers.

ARRONDISSEMENT DE MASCARA.

—

Cet arrondissement ne comprend que la commune de *Mascara* et ses annexes : *Saint-André* et *Saint-Hippolyte.*

Mascara.

SITUATION. — *Mascara*, chef-lieu de sous-préfecture et de subdivision militaire, est situé à 91 kilomètres d'Oran, sur deux mamelons séparés par un ravin où coule l'Oued-Toudman, que l'on passe sur trois ponts de pierre.

HISTOIRE. — Cette ville, construite par les Turcs sur l'emplacement d'une colonie romaine, a été conquise par le maréchal Bugeaud, le 18 mai 1841.

POPULATION. — Mascara, 8,033 habitants, dont 3,915 indigènes; annexes : *Saint-André*, 418 ; — *Saint-Hippolyte*, 178.

AGRICULTURE. — Cultures diverses. — Vignes excellentes, produisant un vin très-estimé.

ARRONDISSEMENT DE MOSTAGANEM.

Cet arrondissement comprend cinq communes : *Mostaganem, Aboukir , Aïn-Tedeless, Pélissier* et *Rivoli*.

Mostaganem.

SITUATION. — *Mostaganem*, chef-lieu de sous-préfecture et de subdivision militaire, est situé à un kilomètre de la mer et à 76 kilomètres d'Oran.

HISTOIRE. — Cette ville, qui ne paraît pas avoir été occupée par les Romains, était florissante dès le moyen-âge , et acquit un grand développement sous les Turcs, à partir du xv° siècle; mais plus tard, à la suite des invasions espagnoles, elle fut à peu près abandonnée et perdit toute son importance commerciale. Pendant les premières années de la conquête, on plaça dans la ville un chef indigène pour l'administrer au nom de la France; mais en 1851, on y établit un commissariat civil et les Européens commencèrent à la peupler.

POPULATION. — Mostaganem, 10,820 habitants; annexes : *Karouba*, 31 ; — *Mazagran*, 1,063 ; — *Ouréah*, 45.

AGRICULTURE. — Laines. — Cotons. — Tabacs. — Grains.

INDUSTRIE. — Tanneries. — Briqueteries.

Pélissier.

SITUATION. — *Pélissier* , chef-lieu de commune, est situé à 4 kilomètres de Mostaganem , sur la route de Ténès.

HISTOIRE. — Ce village, fondé en 1846, avait d'abord reçu le nom de *Libérés*, en vue de son peuplement par des soldats libérés du service. Cette pensée n'ayant pas été réalisée, le décret d'institution de la commune y substitua , en 1856 , sur la demande des habitants, le nom du général Pélissier. — « Votre Majesté, disait « M. le maréchal Vaillant, dans son rapport à l'Empe- « reur, approuvera sans doute ma proposition de faire « droit à la juste réclamation des habitants, en con- « férant à la commune dont il s'agit, un nom illustre « dans les fastes militaires et civils de l'Algérie, et « particulièrement cher à la province d'Oran. »

POPULATION. — Pélissier, 1,380 habitants; annexes ;

Aïn-Boudinar, 178; — *Tounin*, 132; — *Vallée-des-Jardins*, 487.

AGRICULTURE. — Cultures industrielles et autres.

Rivoli.

SITUATION. — *Rivoli*, chef-lieu de commune, est situé à 8 kilomètres de Mostaganem , sur la route de Mascara.

HISTOIRE. — Ce village a été fondé, en 1848, par des ouvriers parisiens.

POPULATION. — Rivoli, 567 habitants ; annexes : *Aïn-Nouissy*, 221 ; — *La Stidia*, 465 ; — *Vallée du Nadour*, 246.

AGRICULTURE. — Céréales. — Belles plantations d'arbres.

ARRONDISSEMENT DE TLEMCEN.

Cet arrondissement comprend deux communes : Tlemcen et Nemours, et six sections de communes.

Tlemcen.

SITUATION. — *Tlemcen* , chef-lieu de sous-préfecture et de subdivision militaire, est situé à 118 kilomètres sud-ouest d'Oran, et à 64 kilomètres de Nemours.

HISTOIRE — Cette ville , fondée par les Arabes, sur les ruines de Pomaria (colonie romaine) , était la capitale d'un royaume qui se composait d'Oran, d'Arzew, de Mazagran, de Mostaganem et de Kalaâ. Elle fut définitivement conquise par les Turcs d'Alger, en 1550. L'empereur du Maroc s'en empara en 1831, mais il en fut bientôt expulsé. Les Koulouglis (fils de Turcs et de Mauresques), qui commandaient dans la place, firent leur soumission au maréchal Clauzel, en 1836.

POPULATION. — Tlemcen, 20,050 habitants, dont 12,285 indigènes, — Banlieue, 597 ; — annexes : *Bréa*, 210 ; — *Hennaya*, 420 ; — *Mansourah*, 152 ; — *Négrier*, 171 ; — *Safsaf*, 118.

AGRICULTURE. — Sol très fertile. — Oliviers dont les fruits fournissent une huile de première qualité. — Cultures maraîchères.

COMMERCE. — Marchés très-fréquentés, où abondent le bétail, la laine, les céréales, les huiles.

Nemours.

SITUATION. — *Nemours*, chef-lieu de district, est situé sur le littoral algérien, à 34 kilomètres des frontières du Maroc.

HISTOIRE. — Cette ville qui se nommait : Djemmâa-el-Ghazaouat doit sa fondation aux Arabes. Elle a été conquise le 1er septembre 1844.

POPULATION. — 1,127 habitants.

COMMERCE. — Le port de Nemours est très-fréquenté par les balancelles espagnoles, qui y apportent de nombreux produits comestibles. — Un marché se tient chaque jour près de la porte du Sud, à l'extérieur, où les indigènes et les Marocains apportent de grandes quantités de blé, d'orge, de miel, de cire et de volailles.

TERRITOIRE MILITAIRE.

—

Le général de division commandant la province d'O·
ran administre directement le territoiré militaire de
cette province.

La division militaire d'Oran comprend cinq subdivisions : *Oran*, *Mostaganem*, *Sidi-Bel-Abbès*, *Mascara*,
et *Tlemcen*, qui forment autant de circonscriptions
territoriales et administratives.

SUBDIVISION D'ORAN.

Cette subdivision ne renferme qu'un cercle, qui se
compose des aghaliks des *Douairs*, des *Zméla* et des
Ghéraba, comprenant ensemble 9 tribus.

SUBDIVISION DE MOSTAGANEM.

Cette subdivision embrasse deux cercles : *Mostaganem* et *Ammi-Moussa*.

1° Cercle de Mostaganem. — Ce cercle renferme les aghaliks de *Mostaganem*, de *Medjaher*, des
Flita, de *Mina* et de *Chélif*, comprenant ensemble 51
tribus.

Le village de *Relizane*, situé dans la plaine de la
Mina, fait partie du même cercle. Relizane est un centre de population déjà important, et qui est appelé à
un grand développement. La culture du coton et du
tabac y est très-productive. Population : 926 Européens.

2° Cercle d'Ammi-Moussa. — *Ammi-Moussa* est

un petit village situé à 106 kilomètres de Mostaganem, sur la route d'Orléansville à Relizane. Marché arabe tous les jeudis. Sources thermales. Population : 121 habitants.

Le cercle d'Ammi-Moussa est formé de l'aghalik des *Beni-Ouragh* et de celui des *Beni-Meslem*, comprenant ensemble 21 tribus.

SUBDIVISION DE SIDI-BEL-ABBÈS.

Cette subdivision n'embrasse qu'un cercle, le cercle de *Sidi-Bel-Abbès*, qui se compose de l'aghalik des *Beni-Amer-Chéraga* et de celui des *tribus sahariennes*, comprenant ensemble 14 tribus.

Plusieurs centres de population ont été créés sur le territoire de ce centre, ce sont : *Muley-Abd-el-Kader*, 140 habitants ; *Sidi-Kaled*, 197 habitants ; *les Trembles*, 80 habitants, et *Daya*, 31 habitants.

SUBDIVISION DE MASCARA.

Cette subdivision embrasse trois cercles : *Mascara*, *Thiaret* et *Saïda*.

1° **Cercle de Mascara.** — Ce cercle est formé des aghaliks ci-après désignés : *Beni-Chougran*, *El-Bordj*, *Hachem-Cheraga*, *Hachem-Gharaba*, *Sdama*, *Oulad-Sidi-Cheikh* et *Ourgla*, comprenant ensemble 74 tribus. On y remarque deux petites villes arabes : *El-Bordj* et *Kalad*. Cette dernière est renommée par la fabrication des tapis arabes qui portent son nom.

2° **Cercle de Thiaret.** — *Thiaret*, situé à 35 kilomètres de Mascara, est construit sur les limites du *Tell* et des hauts plateaux. C'est un des points les plus

importants du Sahara algérien. Les caravanes du *Sud*
y viennent chaque année échanger leurs produits contre ceux du *Tell.* Population : 438 habitants.

Ce cercle est formé des aghaliks de *Thiaret* et du
Djebel-Ahmour, comprenant ensemble 35 tribus.

3° Cercle de Saïda. — *Saïda* est un poste militaire autour duquel s'est groupé un centre de population. Il est situé à 80 kilomètres de Mascara, près de
l'*Oued-Saïda.* Population : 284 habitants. — Le fort de
Gery-ville est situé à l'extrêmité du même cercle. C'est
un de nos postes les plus avancés dans le *Sud.*

Le cercle de *Saïda* renferme l'aghalik de la *Yakoubia*,
comprenant 17 tribus. Le cercle annexe de *Gery-ville*,
où réside un officier du bureau arabe, renferme les
deux tribus des *Oulad-Ziad-Gheraba*, et *Chéraga*.

SUBDIVISION DE TLEMCEN.

Cette subdivision embrasse quatre cercles : *Tlemcen,*
Nemours, Lalla-Maghrina et *Sebdou.*

1° Cercle de Tlemcen. — Ce cercle renferme les
deux aghaliks des *Ouled-Riah* et des *Ghossel*, et les
quatre kaïdats des *Trara-Chéraga*, des *Oulhassa*, des
Ben-Ouazzan et du *Djebel*, comprenant ensemble 34
tribus.

2° Cercle de Nemours. — Ce cercle renferme
cinq kaïdats : les *Trara*, les *Djebala*, les *Achache*, les
Souhalia et les *M'sirda*, comprenant ensemble 19
tribus.

3° Cercle de Lalla-Maghrina. — *Lalla-Ma-*
ghrina est un petit village situé à 45 kilomètres de
Tlemcen, sur la frontière du Maroc. 132 habitants. —

Marché très-fréquenté par les indigènes et les Marocains. Ce cercle ne comprend que 5 tribus.

4° Cercle de Sebdou. — *Sebdou*, village et poste militaire, est situé à 37 kilomètres de Tlemcen, à 1,200 mètres d'altitude, tout près de la limite des hauts plateaux. Marché arabe tous les lundis. Population : 44 habitants.

Ce cercle est formé des aghaliks du *Djebel-du-Sud*, des *Hamian-Gharaba*, et des kaïdats des *Ksour* et des *Ahmours*, comprenant ensemble 30 tribus.

PROVINCE ET DÉPARTEMENT DE CONSTANTINE.

—

PROVINCE.

La province de Constantine est limitée : au *nord*, par la mer ; à l'*est*, par la Tunisie ; au *sud*, par le Sahara, et à l'*ouest*, par la province d'Alger.

Le territoire de cette province comprend presque toute l'ancienne *Numidie*, et cette partie de la *Mauritanie Césarienne*, dont Maximien forma la *Mauritanie Sitifienne*.

Les villes les plus remarquables de ces deux provinces étaient :

Saldæ (Bougie) ;

Igilgili (Djidjelly) ;

Rusicada (Philippeville) ;

Hippone (Bône) ;
Cirta (Constantine) ;
Sitifis (Sétif) ;
Theveste (Tebessa).

Sous le gouvernement turc, toute cette contrée forma une seule province confiée à l'autorité d'un bey qui résidait à Constantine.

La contenance superficielle de la province de Constantine est de 175,000 kilomètres carrés ; sa population s'élève à 286,000 habitants, dont 236,000 indigènes et 50,000 européens.

Le territoire civil de cette province, administré par un préfet, forme le *département de Constantine*, qui comprend cinq arrondissements : *Constantine, Bône, Guelma, Philippeville* et *Sétif,*

Le territoire militaire, administré par un général, forme la *division de Constantine*, qui comprend quatre subdivisions : *Constantine, Bône, Sétif* et *Batna*.

DÉPARTEMENT.

Le département de Constantine se divise en cinq arrondissements, et chacun de ces arrondissements se subdivise en districts, communes et sections de communes.

ARRONDISSEMENT DE CONSTANTINE.

Cet arrondissement, administré directement par le préfet, renferme un district, celui de *Batna ;* cinq communes · *Aïn - Smara, Khroub, Ouled - Rahmoun,* et *Oued-Teménia*, et 21 annexes ou sections de communes.

Constantine

SITUATION. — *Constantine*, chef-lieu de préfecture et de division militaire, est située à 482 kilomètres d'Alger, et à 83 kilomètres du port de Philippeville.

HISTOIRE. — La ville de Constantine est bâtie sur l'emplacement de Cirta, qui avait été fondée par les Grecs et qui devint la capitale de la Numidie. Cirta ayant été détruite par les lieutenants de Maxence (304 après J.-C.) fut réédifiée par Constantin qui lui donna son nom. Constantine résista aux Vandales ; mais sous la domination arabe on y laissa périr les beaux aqueducs et les égouts construits par les Romains. Kaïr-ed-Din Barberousse s'en empara en 1520, et depuis cette époque, jusqu'à sa prise par le général Valée, en 1837, elle obéit à des beys, vassaux du dey d'Alger.

POPULATION. — Constantine, 29,687 habitants ; banlieue, 701 ; — population éparse, 6,704. — Ensemble, 37,092 habitants.

MONUMENTS. — Le palais du général commandant la division ; l'hôtel de préfecture ; l'église paroissiale et les mosquées.

COMMERCE. — Constantine doit à sa position centrale au milieu de la province et sur la route qui unit les oasis du sud-est de l'Algérie au littoral de la mer, d'être une place commerciale fort importante. — Sur les marchés quotidiens de la ville, sur les marchés hebdomadaires du cercle, abondent blés, orges, fèves et pois; laines brutes et travaillées; bestiaux de toute espèce, cuirs, fruits et surtout des dattes et des figues. En retour de ces marchandises qu'ils apportent des tribus voisines, les Arabes et les Kabyles font provision d'huile, de savon, d'épiceries, de denrées coloniales, de bonnets de laine, de tissus de soie et de coton.

INDUSTRIE. — Fabrication d'ouvrages en peaux et de tissus de laine.

Batna.

SITUATION. — *Batna*, chef-lieu de commissariat civil et de subdivision militaire, est situé sur l'*Oued-Batna* à 120 kilomètres de Constantine.

HISTOIRE. — Ce village a été fondé le 12 février 1844.

POPULATION. — Batna, 1810 habitants; — banlieue, 231; — *Lambèse*, 927; — village indigène, 410; population éparse, 2,233.

AGRICULTURE. — Sol fertile. — Eaux abondantes.— Vastes forêts de cèdres et de chênes-verts.

Aïn-Smara.

SITUATION. — *Aïn-Smara*, chef-lieu de commune, est situé à 19 kilomètres de Constantine, sur la route de Sétif.

HISTOIRE. — Ce village a été fondé le 5 août 1854.

POPULATION. — 758 habitants.

AGRICULTURE. — Céréales.

Condé.

SITUATION. — *Condé*, chef-lieu de commune, est situé à 28 kilomètres de Constantine, sur la route de Philippeville.

HISTOIRE. — Ce village a été fondé le 9 septembre 1847.

POPULATION. — Condé, 205 habitants ; — *Bizot*, 65 ; — *Les Deux-Ponts*, 30 ; — population éparse, 2781.

AGRICULTURE. — Céréales et vignes.

Khroub.

SITUATION. — *Khroub* est situé à 16 kilomètres de Constantine, sur la route de Batna.

HISTOIRE. — Ce village a été fondé le 6 août 1859, non loin des ruines de *Sila*.

POPULATION. — Le Khroub, 142 habitants ; — fermes, 181 ; — *Aïn-Guichaou*, 14 ; — *Massine*, 30 ; — *Lamblèche*, 36 ; — fermes d'*Oulaza*, 188 ; — *Madjiba*, 60 ; — indigènes, 2,371.

AGRICULTURE. — Belles fermes.

Ouled-Rahmoun.

SITUATION. — *Ouled-Rahmoun*, est situé dans la riche vallée de Bou-Menizoug, à 26 kilomètres de Batna.

HISTOIRE. — Ce village a été créé le 6 août 1859.

POPULATION. — Ouled-Rahmoun, 184 habitants ; — banlieue : *Ras-el-Aïn*, 886 ; — *Guerfa-Tikbak*, 492 ; — *Chabet-el-Korchef*, 764.

AGRICULTURE. — Céréales.

Oued-Teménia.

SITUATION. — *Oued-Teménia* est situé à 38 kilomètres de Constantine, sur la route de Sétif.

HISTOIRE. — Ce village a été créé le 16 décembre 1854.

POPULATION. — 802 habitants.

AGRICULTURE. — Céréales.

ARRONDISSEMENT DE BONE.

—

Cet arrondissement comprend un district : *La Calle,* deux communes : *Bugeaud* et *Duzerville,* et quatre villages : *Barral, Mondovi, Nechmeya* et *Penthièvre.*

Bône.

SITUATION. — *Bône,* chef-lieu de sous-préfecture et de subdivision, est situé sur le littoral algérien, entre le port de Philippeville et celui de La Calle.

HISTOIRE. — La ville de Bône a été construite par les Arabes à deux kilomètres d'*Hippone,* qui fut illustrée par son évêque, saint Augustin.

POPULATION. — Bône, 12,533 habitants, dont 4,119 indigènes ; — banlieue et village de l'*Allélick,* 2,739.

COMMERCE. — Le commerce de Bône consiste principalement dans l'exportation des céréales, huiles, cuirs, laines, cires. bestiaux et minerais de fer aussi beaux que ceux de la Suède.

AGRICULTURE — Cultures variées.

Barral.

SITUATION. — *Barral* est situé sur la rive gauche de la Seybouse, à 30 kilomètres de Bône.

HISTOIRE. — Ce village a été fondé en 1848, sous le nom de Mondovi, auquel on a substitué, en 1851, celui du général Barral, qui venait d'ètre tué en Kabylie.

POPULATION. — 307 habitants; — banlieue, 85.

AGRICULTURE. — Belles plaines très-fertiles.

Bugeaud.

SITUATION. — *Bugeaud*, chef-lieu de commune, est situé au pied de la montagne de l'Edough, au lieu dit *Aïn-Baraouya*, à 12 kilomètres de Bône.

HISTOIRE. — Ce village a été fondé le 3 juin 1847.

POPULATION. — Bugeaud, 122 habitants ; annexes : *Sainte-Croix de l'Edough*, 58 ; — *Fontaine des Princes*, 10 ; — *Glacières Bouzizi*, 15 ; — *Camp de Comtage*, 19.

AGRICULTURE. — Grandes forêts parfaitement exploitées.

La Calle.

SITUATION. — *La Calle*, chef-lieu de commissariat civil, est située sur le littoral, à l'est de Bône.

HISTOIRE. — Le port de La Calle est le plus ancien établissement français sur la côte d'Afrique. En 1560, un certain nombre de négociants, la plupart Marseillais, furent autorisés, en vertu d'un traité passé entre la France et Hussein-ben-Kaïr-ed-Din, à y établir un comptoir pour la pêche du corail. — Cet établissement connu sous la dénomination de *Campagnie française*, se maintint à la Calle jusqu'en 1779, époque où, par suite des guerres maritimes de la France, la Compagnie fut obligée de l'abandonner. En 1816, la France reprit possession de ce port et concéda, quelques années après, à un négociant de Marseille, l'exploitation de la pêche du corail. Mais la nouvelle Compagnie qui s'était établie et qui commençait à prospérer dut déguerpir en 1827, au moment ou éclata la guerre entre la France et le dey d'Alger. — Nous n'avons repris possession de la Calle qu'en 1836.

POPULATION. — 1,471 habitants.

COMMERCE. — Le corail est le principal objet du commerce de La Calle. Les quantités pêchées annuellement sont évaluées, en moyenne, à 25,000 kilogrammes, produisant 8 à 10 millions de francs.

Duzerville.

SITUATION. — *Duzerville*, chef-lieu de commune, est située à 11 kilomètres de Bône, sur la route de Guelma.

HISTOIRE. — Ce village a été fondé le 12 février 1845, sous le nom du général Monk d'Uzer, dont on a fait Duzerville

POPULATION. — Duzerville, 150 habitants ;—fermes, 45 ; — *El-Hadjar*, 116.

AGRICULTURE. — Céréales.

Mondovi.

SITUATION. — *Mondovi* est situé sur la rive gauche de la Seybouse, au lieu dit *Koudiat-Memat*, à 24 kilomètres de Bône.

HISTOIRE. — Ce village a été fondé, en 1848, par des ouvriers parisiens.

POPULATION. — Mondovi, 478 habitants ; — fermes : *Bercaudi*, 69 ; — *Gazan et Michel*, 58 ; — *Moujol et Nathalie*, 73.

AGRICULTURE. — Grandes fermes. -- Belles cultures.

Nechmeïa.

SITUATION. — *Nechmeïa* est situé à 22 kilomètres de Guelma et à 46 kilomètres de Bône.

HISTOIRE. -- Ce village a été fondé le 28 février 1847

POPULATION. -- 196 habitants.

AGRICULTURE. -- Prairies. -- Bestiaux nombreux.

Penthièvre.

SITUATION. -- *Penthièvre* est situé à 32 kilomètres de Bône, sur la route de Guelma.

HISTOIRE. -- Ce village a été fondé le 26 septembre 1847.

POPULATION. -- 232 habitants.

AGRICULTURE. -- Elève de bétail.

ARRONDISSEMENT DE GUELMA

Cet arrondissement comprend un district : *Souk-Ahras*, et deux villages : *Duvivier* et *Enchir-Saïd*.

Guelma.

SITUATION. -- *Guelma*, chef-lieu de sous-préfecture et de subdivision militaire, est situé à 66 kilomètres de Bône, sur la rive droite de la Seybouse.

HISTOIRE. — Cette petite ville a été fondée le 20 janvier 1845 , non loin des ruines de la *Calama* des Romains.

POPULATION. — Guelma , 3,090 habitants ; — banlieue, 610 ; — *Guelaâ-Bousba*, 169 ; — *Héliopolis* , 411 ; — *Millésimo*, 297 ; — *Oued-Touta* , 114 ; — *Petit*, 209 ; — population éparse, 2,670.

AGRICULTURE. — Productions agricoles variées. — Marché pour la vente des grains et des bestiaux.

Souk-Ahras.

SITUATION.— *Souk-Ahras*, chef-lieu de commissariat civil, est situé à 100 kilomètres de Bône et à 75 kilomètres de Guelma, à la jonction des routes de Tunis à Constantine et de Tebessa à Bône.

HISTOIRE. —Cette petite ville a été créée en 1856, par les colons qui étaient venus se grouper autour d'un camp établi pour surveiller la frontière tunisienne. — Près de Souk-Ahras, sont les ruines de *Thagaste* , où naquit Saint-Augustin, évêque d'Hippone.

POPULATION. —Souk-Ahras, 1,429 habitants ; banlieue, 359 ; — population éparse , 573.

AGRICULTURE. — Terres fertiles. — Vastes forêts. — Marché arabe très-important.

Duvivier.

SITUATION. — *Duvivier* est situé à 34 kilomètres de Souk-Ahras, au lieu dit : *Bou-Chagous*.

HISTOIRE. — Ce village a été fondé le 27 mars 1857. On lui a donné le nom d'un général de l'armée d'Afrique.

POPULATION. — 176 habitants.

AGRICULTURE.— Céréales.— Vignes.—Tabacs.

ARRONDISSEMENT DE PHILIPPEVILLE.

—

Cet arrondissement comprend deux districts : *Djid-jéli* et *Jemmapes* ; et trois communes : *Gastonville, El-Arrouch* et *Robertville*.

Philippeville.

SITUATION. — *Philippeville*, chef-lieu de sous-préfecture, est situé sur le littoral, entre Djidjéli et Bône, à 83 kilomètres de Constantine.

HISTOIRE. — Cette ville a été fondée en 1838, par le maréchal Valée, sur les ruines de *Rusicada*, cité romaine très-importante.

POPULATION — Philippeville, 8,137 habitants ; — banlieue, 181 ; — *L'Oued-el-Ouach*, 35 ; — *Mamelon-Négrier*, 14 ; -- *Damrémont*, 172 ; — *Saint-Antoine*, 306 ; -- *Stora*, 895 ; -- *Valée*, 325 ; -- population éparse, 1820.

AGRICULTURE. — Sol fertile. — Cultures variées.— Belles plantations d'arbres.

COMMERCE.— Les objets exportés consistent notamment en grains, huiles, bois, liéges, bestiaux, laines, cuirs, minerais de fer, marbres, parmi-lesquels ceux de Fifila, similaires de ceux de Carrare. Les marchandises importées et exportées en 1860, représentent une valeur totale de 25 millions de francs.

Djidjéli

SITUATION — *Djidjelli*, chef-lieu de commissariat civil, est situé sur le littoral, entre Bougie et Philippeville, à 128 kilomètres de Constantine.

HISTOIRE.-- Djidjelli fut fondée par les Carthaginois sous le nom d'*Igigellis*; plus tard 'elle appartint aux Romains et devint cité épiscopale. Après la chute de l'empire, les Arabes s'en emparèrent. En 1514 elle se donna à Barberousse, et demeura entre les mains des Turcs ou des Arabes, jusqu'au 13 mai 1839, époque où la France en a pris possession.

POPULATION. — Djidjelli, 1,959 habitants ; — population éparse, 1,078.

AGRICULTURE.— Céréales.— Oliviers.

COMMERCE.— Huiles et grains

Jemmapes.

SITUATION. — *Jemmapes*, chef-lieu de commissariat civil, est situé à 40 kilomètres de Philippeville.

HISTOIRE. — Cette petite ville a été fondée en 1848 par des ouvriers parisiens.

POPULATION.— Jemmapes, 1,418 habitants ; — population éparse, 4,528.

AGRICULTURE.— Terres excellentes. — Cultures variées.— Forêts.

El-Arrouch.

SITUATION.— *El-Arrouch*, chef-lieu de commune, est situé à 31 kilomètres de Philippeville, sur la route de Constantine.

HISTOIRE. — Ce village a été créé par les colons qui se sont groupés autour d'un camp, établi en 1844, pour protéger la route de Constantine.

POPULATION.— El-Arrouch, 516 habitants ; annexes : *El-Kantour*, 59 ; — *les Toumiettes*, 30 ; — population éparse, 1745.

AGRICULTURE.—.Belles cultures. — Marché tous les vendredis.

Gastonville.

SITUATION.— *Gastonville*, chef-lieu de commune, est situé à 22 kilomètres de Philippeville, sur la route de Constantine.

HISTOIRE.— Ce village a été fondé, en 1848, par des ouvriers parisiens.

POPULATION.— 527 habitants.

AGRICULTURE.— Bonnes terres.— Pâturages.

Gastu.

SITUATION. — *Gastu* est situé sur la route de Guelma à Jemmapes, à 23 kilomètres de cette dernière ville.

HISTOIRE.—Ce village est fondé depuis peu d'années. Son nom est celui d'un général de l'armée d'Afrique.

POPULATION.— 90 habitants.

AGRICULTURE.— Céréales.— Tabacs.— Coton.

Robertville.

SITUATION. — *Robertville*, chef-lieu de commune, est situé à 26 kilomètres de Philippeville, sur la route de Constantine.

HISTOIRE. — Ce village a été créée le 16 novembre 1847.

POPULATION. — 554 habitants.

AGRICULTURE. — Terres fertiles arrosées par les eaux de la Minia.

Saint-Charles.

SITUATION. — *Saint-Charles* est situé à 17 kilomètres de Philippeville, dans la vallée du Saf-Saf.

HISTOIRE. — Ce village a été fondé le 6 avril 1847.

POPULATION — Saint-Charles, 130 habitants; population éparse, 870.

AGRICULTURE. — Céréales. — Tabacs.

ARRONDISSEMENT DE SÉTIF.

Cet arrondissement comprend trois communes : *Aïn-Arnat*, *Bougie*, *Bouira*, et dix villages.

Sétif.

SITUATION — *Sétif*, chef-lieu de sous-préfecture et de subdivision militaire, est situé à 130 kilomètres sud-est de Constantine.

HISTOIRE.— Sétif est construit sur l'emplacement de *Sitifis*, ancienne capitale de la Mauritanie Sitifienne. Les Arabes y avaient un établissement important, qui s'amoindrit beaucoup sous la domination turque, et en 1836, lorsque le général Galbois s'en rendit maître, ce n'était plus qu'un petit village.

POPULATION.— Sétif, 3,504 habitants, dont 1.203 indigènes, — banlieue, 309.

AGRICULTURE. — Bonnes cultures. —Marché arabe très-fréquenté.

Aïn-Arnat.

SITUATION.— *Aïn-Arnat*, chef-lieu de commune, est situé à 10 kilomètres de Sétif.

HISTOIRE.— Ce village a été fondé par la Compagnie Suisse, et érigé en commune le 23 août 1861.

POPULATION.— 108 habitants.

AGRICULTURE.— Céréales.

Bougie.

SITUATION.— *Bougie*, chef-lieu de commune, est situé sur le littoral, entre Dellys et Djidjelli.

HISTOIRE. — Cette ville a appartenu aux Romains, sous le nom de *Saldæ*; aux Berbères, sous celui de *Bedjaïa*; puis aux Espagnols et aux Turcs. Elle fut prise par nos troupes, sous le commandement du général Trézel, le 29 septembre 1833.

POPULATION. — Bougie, 2,518 habitants, dont 958 indigènes ; — banlieue, 61.

COMMERCE.— Marché considérable pour les huiles et autres produits de la Kabylie.

Bouhira.

SITUATION. — *Bouhira*, chef-lieu de commune, est situé à 13 kilomètres de Sétif.

HISTOIRE. — Ce village a été fondé par la Compagnie Génevoise, et vient d'être érigé en commune.

POPULATION. — 106 habitants.

AGRICULTURE. — Céréales. — Jardins, prairies.

El-Ouricia.

SITUATION. — *El-Ouricia* est situé à 12 kilomètres de Sétif.

HISTOIRE. — Ce village a été fondé par la Compagnie Génevoise.

POPULATION. — 121 habitants.

AGRICULTURE. — Cultures diverses.

Mahouan.

SITUATION. — *Mahouan* est situé à 16 kilomètres de Sétif.

HISTOIRE. — Ce petit village a été fondé par la Compagnie Génevoise.

POPULATION. — 131 habitants.

AGRICULTURE. — Céréales. — Jardins.

Messaoud.

SITUATION. — *Messaoud* est situé à 14 kilomètres de Sétif.

HISTOIRE. — Ce village a été fondé par la Compagnie Génevoise.

POPULATION. — 32 habitants.

AGRICULTURE. — Prairies. — Bestiaux.

Aïn-Sfia.

SITUATION. — *Aïn-Sfia* est situé à 2 kilomètres de Sétif.

HISTOIRE. — Ce village est de création récente.

POPULATION. — 73 habitants.

AGRICULTURE. — Céréales. — Prairies.

COMMERCE. — Bestiaux.

TERRITOIRE MILITAIRE.

—

Le général de division, commandant la province de Constantine, administre le territoire militaire de cette province.

La division militaire de Constantine comprend quatre subdivisions : *Constantine*, *Bone*, *Sétif* et *Batna*.

SUBDIVISION DE CONSTANTINE.

Cette subdivision embrasse trois cercles : 1° le cercle de *Constantine*, avec ses deux annexes : *Aïn-Beïda* et *Tébessa*; 2° le cercle de *Philippeville*; 3° celui de *Djidjelli*.

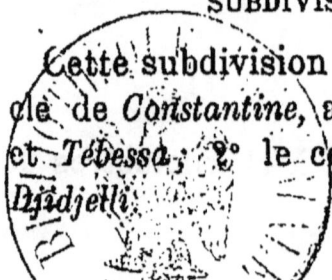

7

1° **Cercle de Constantine.** Ce cercle renferme es deux cheïkats *Arab-Chettaïa* et *Oulad-Braham*, et les 19 kaïdats désignés ci-après : *Oulad-Abdel-Nour ‚ Ameur-Chéraga, Behira-Touïla, Barrania, Djemila, Ferdjoua, Milah, Mouïa, Oued-Bou-Sela, Beni-Khelit, Oulad-Kebbab, Oued-el-Kebir, Segnia, Sellaoua-Kherareb, Serraouïa, Telaghma, Zénatia, Zmoul* et *Zouagha* , comprenant ensemble 72 tribus.

Le village arabe de *Milah*, situé à 38 kilomètres de Constantine, sur la rive gauche du *Rummel*, fait partie de ce cercle.

Cercle annexe d'Aïn-Beïda.— *Aïn-Beïda* est situé sur la route de Tébessa, à 100 kilomètres de Constantine. Population : 512 habitants. Marché tous les mercredis et les dimanches. — Ce cercle annexe est formé des kaïdats des *Oulad-Siouan*, *Amara*, *Saïd* et *Kherareb*.

Cercle annexe de Tébessa. — *Tébessa* (Thevaste), situé à 188 kilomètres de Constantine, sur la frontière de Tunis, fut une ville très-importante sous la domination romaine. On trouve parmi ses ruines des restes considérables de temples et de monuments publics, notamment un cirque qui pouvait contenir 6,000 personnes, une forteresse encore debout avec son mur d'enceinte flanqué de quatorze tours. *Tébessa* est encore aujourd'hui une ville indigène assez importante. La population européenne n'y est pas nombreuse . 170 habitants ; mais les marchés qui s'y tiennent deux fois par semaine sont très-fréquentés.

Ce cercle est formé des kaïdats : *Oulad-Yahia-ben-*

Taleb, *Brarcha*, *Allaouna*, *Oulad-Rechaïa*, *Oulad-Sidi-Abed* et *Négrin*, comprenant ensemble 20 tribus.

2° **Cercle de Philippeville.** — Ce cercle est formé de 6 kaidats : *Radjata*, *Oulad-Atia-des-Toumiet*, *Beni-Mehenna*, *Quebli*, *Beni-Toufout* et *Oulad-Atia* de l'*Oued-Zehour*, comprenant 26 tribus.

Le village maritime de *Collo*, situé à 40 kilomètres *est* de Philippeville, est compris dans ce cercle. Ce petit port, habité par des Maures, est entouré d'un territoire fertile et bien cultivé. *Collo* (*Minerva Chulla*) était renommée au temps des Romains comme ville manufacturière.

3° **Cercle de Djidjelli.** — Ce cercle est formé de onze kaïdats : *Ziama*, *Beni-Khettab*, *Beni-Ahmed*, *Beni-Kaïd*, *Beni-Amran-Djebala*, *Beni-Amran-Seftia*, *Beni-Ider*, *Beni-Siar*, *Oulad-bel-Afou*, *Beni-Afer* et *Beni-Foughal*; et de quatorze cheïkats : (*Oulad-Bou-Bakr*, *Oulad-Tafer*, *Oulad-Tebban*, *Oulad-Saad*, *Oulad-Moham·med*, *Beni-Sekfal*, *Kheracha*, ¡*Beni-Khezer*, *Abab-Aftit*, *Chekaroua*, *Beni-Isser*, *El Djena'*, *Beni-Salah* et *Beni-Maammar*.

SUBDIVISION DE BONE.

Cette subdivision embrasse quatre cercles : *Bône* *Guelma*, *La Calle* et *Souk-Harras*.

1° **Cercle de Bône.** — Ce cercle est formé des kaïdats de *Bône* et de l'*Edough*, comprenant ensemble 21 tribus.

2° **Cercle de Guelma**. — Ce cercle est formé de cinq kaïdats : *Guerfa*, *Nador*, *Beni-Foughal*, *Guelma* *Zerdeza*, comprenant ensemble 41 tribus.

3° **Cercle de La Calle.** — Ce cercle est formé des kaïdats de l'*Oued-Kebir* et de l'*Oued-Bou-Hadjor*, comprenant ensemble 16 tribus.

4° **Cercle de Souk-Harras.** — Ce cercle est formé des kaïdats : *Hanoucha, Oulad-Khiar* et *Oulad-Diah*, comprenant 21 tribus.

SUBDIVISION DE SÉTIF.

Cette subdivision embrasse quatre cercles : *Sétif, Bordj-Bou-Areridj, Bou-Saada* et *Bougie*.

1° **Cercle de Sétif.** — Ce cercle est formé d'un cheïkat : *Sebtia*, et de vingt kaïdats : *Elma-Gharaba, Ameur-Dahara, Ameur-Guebala, Oulad-Nabet, Oulad-Gassem, Rira-Guebala, Rira-Dahaïa, Aïn-Taghrout, Aïn-Tourc, Oulad-Mosli, Guergour, Sahel-el-Guebli, Ammoucha, Sebtia, Beni-Yala, Beni-Ourthilam, Beni-Ghebanna, El-Harrach, Beni-Seliman* et *Beni-Tadel*.

2° **Cercle de Bordj-Bou-Areridj.** — *Bordj-Bou-Areridj* est un ancien poste militaire, situé à 68 kilomètres de Sétif, qui a été construit sur les restes d'un établissement romain. C'est aujourd'hui un petit village très-animé. Jolis jardins bien cultivés, marché arabe tous les jeudis. Population européenne : 217 habitants.

Ce cerele est formé de dix kaïdats : *Medjana, Ouermougha, Mezita, Dréat, Zamoura, Beni-Tadel, Beni-Abbas, Ayad, Oulad-Sidi-Ahmar* et *M'Silah*, comprenant ensemble 25 tribus.

Le village indigène de *M'Silah*, situé à 138 kilomètres de Sétif, sur la rive gauche de l'*Oued-Kaab*, fait partie de ce cercle.

3° Cercle de Bou-Saada. — *Bou-Saada* est une oasis située à 96 kilomètres de Sétif, dans le bassin du *Hodna*, habitée par 3,981 indigènes répandus dans 662 maisons. Un fort qui commande la ville est occupé par une garnison française. Entre le fort et la ville arabe sont venus se grouper une soixantaine d'Européens.

Ce cercle est formé des kaïdats : *Bou-Saada*, *Oulad-Ameur*, *Oulad-Faradj*, *Oulad-Chaïr*, *Hodna* et *Souma*, comprenant ensemble 14 tribus.

4° Cercle de Bougie. — Ce cercle est formé de six cheïkats : *Zerk-Faoua*, *Toudja*, *Aith-Ameur*, *Djebabra*, *Souhlia* et *Fenaïa*, comprenant ensemble 41 tribus.

SUBDIVISION DE BATNA.

Cette subdivision embrasse deux cercles : *Batna* et *Biskara*.

4° Cercle de Ratna. — Ce cercle est formé de six kaïdats : *Batna*, *Bou-Aoun*, *Oulad-Soultan*, *Oulad-Sellem*, *Aurès* et *Ouled-Oudjana*, comprenant ensemble 44 tribus.

Le village de *Lambessa*, situé au pied des monts *Aurès*, fait partie de ce cercle. Il fut affecté en 1848 aux transportés politiques. C'est aujourd'hui un pénitencier militaire. Population : 400 habitants. *Lambessa* était, sous la domination romaine, une ville de la plus haute importance. C'est là que résidait la fameuse *légion d'Auguste*, qui construisit la voie romaine de *Carthage* à *Tipasa*.

2° Cercle de Biskara. — *Biskara* est situé à 126 kilomètres sud de Batna. Ce village, dont la popu-

lation s'élève déjà à 860 habitants, est appelé à devenir un centre important. Le marché qui s'y tient tous
les jours, en hiver, y est très-fréquenté. Les gens du
Souf et de Touggourt y apportent leurs produits, qui
consistent en dattes, blé, laine et bestiaux.

Ce cercle est formé de 12 kaïdats, savoir : *Biskara*,
comprenant 9 tribus et le village indigène de *Sidi-
Okba*; *Zab-Chergui* et *Hahmar-Khadou*, comprenant 30
villages et 22 tribus; *Ouled-Zian*, 8 tribus; *Sahari*, 6
tribus et 2 villages; *Oulad-Naïd-Cheraga*, 5 tribus;
Oulad-Djellal, 4 tribus; *Djebel-Chechar*, 13 villages et
5 tribus; *Cheraga*, 13 tribus; *Gharaba*, 5 tribus;
Oued-Rir et Souf, 36 villages; *Temacin*, 6 villages et 1
tribu; *Oulad-Sehia*, 5 villages et 2 tribus, et le cheïkat
des *Oulad-Moulet*.

FIN.

TABLE DES MATIÈRES.

TABLE ALPHABÉTIQUE

DES NOMS ET DES MATIÈRES.

TABLE GÉOGRAPHIQUE.